身につく作り置き

スガ

はじめに

娘たちが産まれ、仕事をしながら家事育児をし、数多くの失敗やおいしく作れた感動を毎日くり返しながら25年。このような節目の年にこの本を発行できることをとても幸せに思います。

タイトルの「身につく」は、料理の基本が「身につく」というほかに、食べるものを自分で選ぶ力、基本をふまえておいしく作る力、自分を健康にする力といった「生きる力」が「身につく」という思いも込めました。

ブログでレシピを紹介するようになってから、「昔から料理作りは得意だったのですか？」と聞かれることがよくあります。もちろん、そんなことはありません。私が主婦になりたてのころの得意料理は、そうめんをゆでることと、買ってきたいかゲソの天ぷらを温めることだけでした（そもそもそれは料理なのか?・）。めんつゆはもちろん、市販のめんつゆです。そんなそうめんでさえ、なぜか準備には40分くらいかかっていましたし、ぶりの照り焼きなんて1時間キッチンにつきっきり、市販のルウで作るカレーは

3時間つきっきりでした。週末の3時間で10品ほどの作り置きおかずを作る今では、うそのような話です。

料理を効率よく作れるようになると、時間に余裕ができて光熱費のコストも下がり、時間とお金の節約になります。でも、はじめて作る料理を手順や味を確認しながら、時間をかけて作ったり、よく知っているつもりの料理でも基本をおさらいしながらていねいに作ってみると、新たな発見があって、けっこう楽しいのも事実。調理中は無心になるからか、いい気分転換にもなります。調理に効率を求めるときとゆっくり楽しむときと、両方を上手に使い分けができれば、毎日の料理作りは、もっともっと楽しくなるのかなと思っています。

この本では、作り置きおかずのレシピとともに、私なりではありますが、おいしく仕上がる調理のポイント、たどりついた解決策なども詰め込みました。

この本を手に取った方が、作り置きおかずを作ることで、心もからだもお財布もうんと身軽に、そして毎日を元気いっぱい力強く過ごすことができたら、うれしく思います。

スガ

作り置きおかず　Contents

Chapter 4 乾物&海藻の作り置きおかず

Column

おまけ

この本のお約束

- 小さじ1＝5mℓ、大さじ1＝15mℓ、1カップ＝200mℓです。
- おかずの保存期間は、正しく保存した場合の目安です。保存容器をきちんと消毒していなかったり、口をつけた箸で取り分けたりすると、保存状態に影響が出ます。
- 作り方のポイントやコツには、わかりやすいように色を敷いてあります。
- 電子レンジの加熱時間は、600Wで使用した場合の目安です。
- 飾りで使用した材料は、明記していないものがあります。お好みで追加してください。

スガ家の作り置き事情

私の作り置きおかずは、特別な食材や調味料はいっさい使いません。大好きな野菜をたっぷりと使ったおかずの比重がとにかく高いのが特徴です。ほかにも、切り干し大根やひじき、豆などの乾物もよく登場します。

おかずは休日の週末にまとめて作るので、ものすごく手がかかるものはありません。単身赴任中のわが家はワンルームのため、キッチンもせまく、ガスコンロは2つだけ。限られたスペースで何品も作らなくてはいけないので、効率よく調理することを心がけています。

1カ月の食材費は、ミネラルウォーター代、酒代なども含め、2〜2.5万円です。旬の食材を中心に、特売品などを選び、できるだけ食費はおさえています。調味料や米などは、ネットショッピングもよく利用します。

この本の作り置きおかずの量は、2人暮らしの方にぴったりかと思います。ただし、一般の方の2倍は食べる大食いの私は、1人でも楽勝で食べきります。

作り置きのルール

作り置きおかずをより長く、おいしく味わうために、いくつかのポイントをおさえておきましょう。食材を購入するところから、食中毒予防ははじまります。購入後は寄り道せずにすぐに帰宅し、食材を冷蔵庫や冷凍庫に保存します。真夏の買いものの際は、保冷バッグを用意し、その中に生鮮食品を入れるようにすると安心です。おかずを入れる保存容器は忘れずに消毒し、作ったおかずはできるだけ早く冷まして冷蔵庫で保存しましょう。キッチンは清潔にし、「手洗い」と「消毒」は絶対に省かず、しっかりと習慣にすることが大切です。

ルール 1 食材を正しく保存する

買いものから帰ってきたら、すぐに食材を冷蔵庫や冷凍庫に保存します。肉、魚、卵を取り扱う場合は、取り扱う前と後に、必ず手洗いします。肉や魚をさわった手で、ほかの食材を絶対にさわらないようにしましょう。卵をケースから出し入れするときも同様です。

トレーに入った肉や魚は、ポリ袋に入れてから冷蔵庫に入れ、出てきたドリップがほかの食品にふれないようにする。必要があれば、容器に入れかえたり、ポリ袋を二重にして。

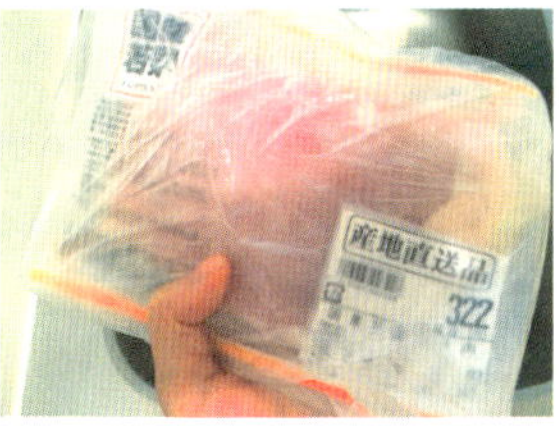

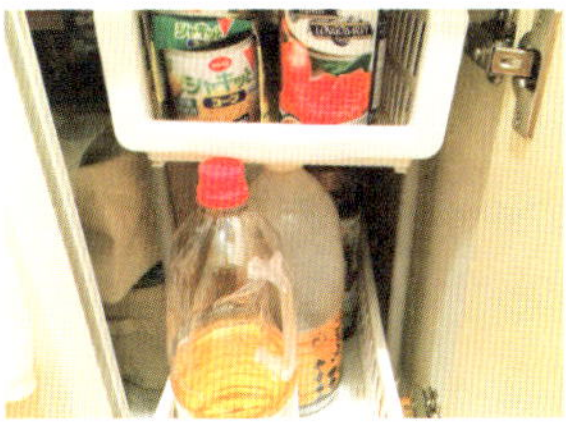

食品を流し台の下に保存する場合は、水もれ、油もれ、湿気などに注意。ぬれたままの鍋やボウル、中身がもれた調味料などがあると、カビだけではなく、ゴキブリの温床に。

ルール 2 保存容器とふきんを用意

保存容器は、ふたがぴっちりと閉まり、冷凍から電子レンジまでOK、半透明で中身が見えやすいジップロック®コンテナーを愛用しています。使わないときは、重ねてコンパクトに収納できます。保存袋は、食材やおかずを冷凍するときに便利です。

また、ふきんやタオルは清潔なものを多めに用意しておき、ふきんは汚れたら、タオルは湿ったら取りかえます。

保存容器と保存袋は、サイズ違いで用意しておくと便利。

保存容器は、ボウルとしても使える！

保存容器は、材料をあえたり、魚の下ごしらえや野菜のアク抜きをしたりと、ボウルがわりにも使えます。かさばらないので、せまいキッチンでは重宝します。

調理中によく使うふきんは、水ぎれ、泡ぎれのよいガーゼふきんを愛用中。常に、20枚ほど用意。

ルール
3 しっかりと消毒する

調理台や流し台など
忘れがちな調理台、流し台、調理器具、仕切り版、床などにも、アルコール消毒スプレーをかけて消毒しておくと、より安心です。

手洗い
調理前に、石鹸で手をよく洗います。手首や親指のつけ根、爪の間なども忘れずに。調理中に肉や魚、卵をさわったり、鼻をかんだりなどしたときも、もう一度手洗いしましょう。

まな板
その日の調理が終わったら、洗ったまな板の上にふきんをのせ、泡状のキッチン用漂白剤を吹きかけ、漂白します。ふきんをのせると、漂白剤が流れず、布巾も一緒に漂白できます。

保存容器
保存容器は、食品に使えるアルコール消毒スプレーを吹きかけ、キッチンペーパーでふきとってからおかずを詰めます。アルコール消毒は、手軽、確実、時短、低コストでおすすめです。

ルール
4 日持ちを意識して調理＆急冷

スパイスをきかせる
とうがらしやにんにく、しょうがなど、殺菌効果の高いスパイスを上手に使うと、塩分をひかえても味が決まり、日持ちもよくなります。また、酢漬けやオイル漬けも、作り置き向きです。

野菜はよく洗う
見た目がきれいなもやし、カット野菜、ラップで包装されている野菜なども、まずはよく水洗いしましょう。もやしなどは、大きめのボウルや鍋を使い、たっぷりの水につけて洗います。

しっかり冷ます
おかずが熱い状態で保存容器に入れてふたをすると、蒸気が水滴となってふたの裏につき、おかずが傷む原因になります。なるべく早く、しっかり冷ましてから冷蔵庫で保存しましょう。

中まで火を通す
食材に中途半端に火を通したままだと、雑菌が繁殖します。中までしっかり加熱しましょう。私は切り干し大根やおから、ひじきなどのサラダを作るときも、いったん火を通します。

急冷方法
煮ものや汁ものなどは、食中毒予防の観点からもできるだけ急冷するのが鉄則。シンクに水をはったところに鍋ごと入れ、中身ができるだけ空気にふれるように、混ぜながら冷ます。4人分くらいなら、10〜15分で粗熱がとれる。

水けをよくきる
サラダやあえものの場合、具材の水けはよくきります。青菜や春雨は、あえる前に水けをギュッと絞りましょう。水けが残っていると仕上がりの味がぼやけてしまい、日持ちもしません。

ルール

5 清潔な状態で保存

余裕をもって収納

冷蔵庫の消費電力をより少なくするため、冷蔵庫は余裕をもって収納しています。余裕があると、保存容器を探しやすいというメリットもあります。わが家の作り置きおかずは、取り出しやすい中段が定位置。この保存容器が金曜日にはきれいさっぱりとなくなるので、そのタイミングで棚などをアルコール消毒しています。

ラベルを貼る

保存容器などに作った日の日付と内容を明記しておくと、食べ忘れが防げます。ひと目で何が入っているかわかるので、おかずを探して冷蔵庫の扉を長時間開け、庫内の温度を上げてしまうこともありません。マスキングテープを利用すれば、貼りやすく、はがすのも簡単です。

箸は使い回さない

保存容器からおかずを取り出すときの箸やスプーンを使い回すと、味も雑菌もほかのおかずに移ってしまいます。だからといって、水で洗ったばかりの箸を使うと、保存の大敵である水分が入り込むことに。一度使った箸は使わない、もしくは、キッチンペーパーでふいてから、別のおかずを取り出しましょう。

保存期間について

この本では、以下のように保存期間を設定しています。

実際に作って保存してみて、私が食べられた期間の半分～2/3の日数を保存期間としています。これは、色みが変わらない期間でもあります。正しい保存方法の場合の目安なので、P9～11の作り置きのルールは必ず守ってくださいね。

火を使わずに調理するもの	冷蔵で2～3日
おひたし、あえもの、卵焼き、サラダ	冷蔵で4日
火を使わずに調理するもの（酢、梅干し、油、にんにく・しょうが・わさび・とうがらし・スパイスなどの香辛料など、保存性が高まる調味料や食材を使用するもの）	冷蔵で5日
火を使って調理する煮ものやスープ、梅干しや酢を使うあえもの	冷蔵で5日
煮詰めて仕上げるつくだ煮など	冷蔵で1週間

季節に合わせた作り置き

作り置きおかずは、忙しいとき、外食の予定が入っているときなどは、品数が少なくなりますが、そうでなければ、10〜12品ほど作り、平日のお弁当と夕食でいただきます。毎週欠かさず作るのは、「ひじきたっぷり炒り高野」（P22）。毎回相も変わらずおいしくいただけて、栄養もたっぷりの優秀な作り置きおかずです。

私がメニューを決める際、心がけていることのひとつが、旬の食材を組み合わせること。旬の食材は、おいしいのはもちろん、安くて栄養価も高いので、積極的に取り入れるようにしています。

作り置きのモデルケース

春の作り置き

春にしか出回らない旬のふきやたけのこ、菜の花をはじめ、にらやじゃがいも、キャベツを使ったおかずをチョイスしました。キャベツは生&煮込みでたっぷりといただきます。

切り干し大根の
あっさり中華サラダ
→ P28

速攻おひたし
（菜の花で）
→ P26

すごいおひたし
（にらで）
→ P26

ひじきたっぷり
炒り高野
→ P22

おから野菜
マヨみそサラダ
→ P84

キャベツとトマトの
浅漬け風サラダ
→ P76

キャベツたっぷり
チキントマトシチュー
→ P38

肉じゃが
→ P36

ナッツたっぷり
ごまめ
→ P119

ふきの炊いたん
→ P92

若竹煮
→ P90

ほうれん草の
ツナごまあえ
→ P86

夏の作り置き

梅や酢などを積極的に使い、傷みにくく、口当たりのいいおかずを多くします。特に、アレンジのきく南蛮漬けは、この季節においしい小あじで作るのもおすすめです。

野菜たっぷり
ヤムウンセン
→ P30

切り干し大根の
あっさり中華サラダ
→ P28

蒸し鶏の梅あえ
→ P25

ひじきたっぷり
炒り高野
→ P22

きゅうりの
豆板醤漬け
→ P89

ゴーヤのサラダ
→ P85

サルサ・メヒカーナ
&ワカモレ
→ P74

鶏むね肉の
南蛮漬け
→ P40

ひじきと春雨の
梅しそあえ
→ P117

ししとうの
焼きびたし
→ P101

とろとろなすの
みそ炒め
→ P100

じゃがいもの
照り焼き
→ P98

私のふだんの献立は、肉や魚のおかず１に対し、野菜や海藻、豆製品のおかずが４くらいの割合です。

ここでは、この本で紹介するおかずを使った、季節ごとの作り置きおかずの組み合わせ例をご紹介します。

秋の作り置き

旬のきのこや根菜をたくさん取り入れます。食欲の秋でもあり、食費やカロリーがかさむ秋でもあるので、乾物を活用し、食費と栄養のバランスをとるようにしています。

いかと里いもの煮もの
→P56

さんまの梅煮
→P54

速攻おひたし（チンゲン菜で）
→P26

ひじきたっぷり炒り高野
→P22

やわらか鶏ごぼう
→P94

もやしとわかめのナムル
→P87

和風きのこマリネ
→P72

かぼちゃサラダ
→P66

大豆と切り干し大根のサラダ
→P114

切り干し大根の煮もの
→P112

大豆とトマトのマリネサラダ
→P110

本格ミネストローネ
→P102

冬の作り置き

寒い季節は、根菜をたっぷりと使った汁ものやおかずがあると、本当にホッとします。葉ものがおいしい季節でもあるので、おひたしやサラダでモリモリといただきます。

豚肉とさつまいもの甘辛炒め煮
→P48

速攻おひたし（春菊で）
→P26

すごいおひたし（小松菜で）
→P26

ひじきたっぷり炒り高野
→P22

五色なます
→P78

野菜たっぷりドレッシング
→P68

ぶり大根
→P58

かぶのそぼろ煮
→P50

切り干し大根とほうれん草のごまあえ
→P118

切り干し大根の梅納豆あえ
→P115

豚汁
→P104

水菜と大根の梅サラダ
→P88

作り置きおかずの実践例

私が作り置きおかずを作るときの流れをざっとご紹介します。仕事が休みの土曜日に買い出しをして、メニューを決めます。日曜日に調理の段取りを立て、作り置きおかずを一気に作ります。全体の調理時間の目安は、途中で一度休憩をはさみつつ、トータルで3時間くらいです。わが家のキッチンはとてもせまく、下ごしらえをした食材を置く場所もコンロもすぐいっぱいになるため、おかずを2〜3品ずつ完成させていくのをくり返します。傷みやすい青魚やレバー、青菜などの野菜から調理し、煮ものは最後に作るのが、いつものパターンです。

春の作り置き（P14）を作る場合

食材リスト

野菜・野菜加工品

ふき（葉つき）…約80cm長さのもの1束（約5本）
たけのこ（生・皮つき）…中1〜2本（700〜800g）
玉ねぎ…3個
じゃがいも…4個（500g）
にんじん…1本＋小½本
キャベツ…1個
きゅうり…3本
ほうれん草…1束（200g）
ピーマン…2個
トマト…1個
菜の花…1束（200g）
にら…2束（220g）
ごぼう…⅓本（50g）
しょうが…約1片（正味¼片）
にんにく…2〜3片
えのきだけ…½袋（100g）
こんにゃく…½枚
しらたき…1袋（250g）
トマト水煮缶…1缶（400g）
コーン缶…1缶（固形量120g）

肉・魚加工品・海藻

豚ひき肉…80〜100g
豚こま切れ肉…200g
鶏もも肉…大1枚（350g）
ツナ缶（油漬けタイプ）…小1缶（80g）
ごまめ（田作り）…30g
塩蔵わかめ…80g
乾燥ひじき…10〜15g

豆加工品

生おから…150g
油揚げ…1枚

乾物

高野豆腐…1個（15〜17g）
切り干し大根…40g
米ぬか…約½カップ

ナッツ類

無塩ナッツ（ミックスナッツ、くるみ、アーモンド、ピーナッツなど。1種類でもOK）…50g

※調味料、油脂類、米、ごま、昆布、削り節、のり、赤とうがらしなどは常備食材とし、リストには含みません。

段取り・手順

前半

1

若竹煮

→ P90

たけのこをゆでて、冷ましておきます。

2

ほうれん草のツナごまあえ

→ P86

速攻おひたし（菜の花で）

→ P26

すごいおひたし（にらで）

→ P26

ツナごまあえのほうれん草、速攻おひたしの菜の花、すごいおひたしのにらをそれぞれゆで、仕上げます。

3

切り干し大根のあっさり中華サラダ

→ P28

切り干し大根を戻します。

4

おから野菜マヨみそサラダ

→ P84

おからをから炒りします。

5

切り干し大根のあっさり中華サラダ

→ P28

おから野菜マヨみそサラダ

→ P84

きゅうり、にんじん、玉ねぎをそれぞれ切ります。マヨみそサラダの具材を塩でもみ、それぞれ仕上げます。

6

キャベツとトマトの浅漬け風サラダ

→ P76

キャベツ、ピーマン、玉ねぎ、きゅうりを下ごしらえし、調味料をもみ込みます。

後半

1

ひじきたっぷり炒り高野

→ P22

ひじきと高野豆腐を戻します。

2

キャベツたっぷりチキントマトシチュー

→ P38

具材を下ごしらえし、圧力鍋に入れ、加圧します。

3

ふきの炊いたん

→ P92

ふきの下ごしらえをし、ゆでて皮をむきます。

4

キャベツたっぷりチキントマトシチュー

→ P38

煮詰めて、仕上げます。

5

肉じゃが

→ P36

下ごしらえをして、煮はじめます。

6

ふきの炊いたん

→ P92

切ってから煮て、仕上げます。

7

ひじきたっぷり炒り高野

→ P22

残りの具材の下ごしらえをし、仕上げます。

8

ナッツたっぷりごまめ

→ P119

作ります。

9

若竹煮

→ P90

たけのこの皮をむいて切り、ほかの具材の下ごしらえをして煮ます。

10

キャベツとトマトの浅漬け風サラダ

→ P76

トマトを切り、仕上げます。

作り置きおかずの食べ方

この本の作り置きおかずは、ほとんどが器に盛るだけで食べられますが、汁もののように、温めてから食べるものもあります。また、当日に調理するものもありますが、ごくごく簡単なものばかり。どんなに疲れていても、いつでもおいしいおかずを食べられるのが、私が作り置きおかずを続ける理由です。

私の夕食の主食は、焼酎のロック。クラシックを聴きながら、いろいろなおかずとともにお酒を楽しむのが、至福の時間です。

温める

温かく食べたいおかずや汁ものは、食べる分だけ鍋に移して火を通すか、器に取り出して電子レンジで加熱します。電子レンジで温めるときに使う器は、必ず電子レンジＯＫのものを使いましょう。

そのまま盛る

サラダやあえものなどのように、冷たくてもおいしいおかずは、冷蔵庫から出して器に盛るだけで食べられます。おかずを取り出したあとは、残りのおかずはそのまま放置せず、すぐに冷蔵庫に戻しましょう。

当日調理

蒸し鶏（P24）や親子丼の素（P46）、野菜たっぷりドレッシング（P68）のように、半調理やドレッシングの状態で作り置きしておくものは、食べるときに野菜とあえたり、卵でとじたりします。

少しだけアレンジ

おひたしを毎日そのまま食べていると飽きてしまいますが、食べるときに、今日は削り節、明日はちりめんじゃこをかけるといった、ほんの少しアレンジするだけでも、最後まで飽きずに食べきれます。

Column

スガ家のある日のお弁当

作り置きおかずをランチジャーにたっぷりと詰められるだけ詰めるのが、私のいつものお弁当です。ごはんは、最強飯(P120)を約1.6合分。ほかに、ひじきたっぷり炒り高野(P22)、納豆2パック、インスタントのみそ汁は必ず持って行きます。最強飯が減ってきたら、途中でひじきたっぷり炒り高野を加え、混ぜごはんに。午前中の疲れをリセットし、午後からの仕事を集中してのりきれるよう、しっかりとエネルギーをチャージします。

キャベツとトマトの浅漬け風サラダ／ピーマンしらたき
最強飯は黒豆バージョン。大粒の黒豆、赤く染まったごはんは、元気が出ます。

ひじきとミックスビーンズのサラダ／切り干し大根ときゅうりの中華サラダ／小松菜の速攻おひたし／プチトマト
生の玉ねぎを使ったおかずがあると、気分が上がります。独特の歯ざわりが大好きです。

アボカドと長いものわさびあえ／ゴーヤの梅あえ／小松菜と油揚げの速攻おひたし／プチトマト
お弁当にゴーヤの梅あえが入っていると、ゴーヤの酸味と苦味で頭がシャキーンとします。

水菜の速攻おひたし／ゴーヤのサラダ／切り干し大根と小松菜のごまあえ
切り干し大根のごまあえは、おひたしの汁けを吸ってくれるので、よくペアで詰めます。

大根の皮とこんにゃくのきんぴら／大豆とトマトのマリネサラダ／切り干し大根のあっさり中華サラダ
大好きな具材の太めのきんぴらがぎゅうぎゅうに入っていると、開けたときにふふっとなります。

大豆とトマトのマリネサラダ
ランチジャーの容器は、おかず1品詰めもアリです。サラダをたっぷりと堪能しました。

ゴーヤのサラダ／モロヘイヤのすごいおひたし／とろとろなすのピリ辛炒り煮／プチトマト
ゴーヤは食べると元気が出るので、出回っている時期はできるだけお弁当に加えています。

大豆とトマトのマリネサラダ／さつまいもと豚肉の甘辛炒め煮／ピーマンしらたき
さつまいもがほかのおかずの余分な汁けを吸ってくれるので、全体に汁けが広がりません。

五色なます／とろとろなすのピリ辛炒り煮／ししとうの焼きびたし
五色なますの酸味と歯ごたえは、疲れた頭にしみ渡ります。噛むって大事やなぁと思います。

鮭の南蛮漬け／とろとろなすのピリ辛炒り煮／かぼちゃのサラダ／ゆでブロッコリー／プチトマト
かぼちゃとさつまいもは少し苦手なんですが、お弁当では、けっこう活躍します。

ぶりの照り焼き／切り干し大根のあっさり中華サラダ／揚げない大学いも／ゆでブロッコリー
ぶりの照り焼きとか、お昼からなんという贅沢！ 感謝の気持ちいっぱいでいただきました。

ミックスビーンズ、パプリカ、ピーマンのマリネサラダ／切り干し大根と糸昆布のあっさりハリハリ漬け
カラフルなパプリカとピーマン、ひじきや昆布などの黒い食材が、頭とからだにしみ渡ります。

にらのすごいおひたし／キャベツとトマト、パプリカの浅漬け風サラダ／切り干し大根のあっさりハリハリ漬け
キャベツのマリネで、胃がますます元気に！昼に野菜がたっぷりとれるのは本当に幸せです。

高野豆腐の含め煮／切り干し大根のあっさりハリハリ漬け／にらのすごいおひたし／いろいろきのこのおかずなめたけ
今日の最強飯は、むかご入りです。ほくほくのむかごが、クセになるおいしさでした。

ひじきと春雨の梅しそあえ／切り干し大根の煮もの／大根葉の速攻おひたし
最強飯は、米3合あたり黒米大さじ1を加えて炊きました。お腹がすきすぎて、納豆は3パックに増量してしまいました。

大豆とトマトのマリネサラダ／五色なます／ピーマンしらたき
ピーマンしらたきは、ごはんに混ぜるとおいしいんです。奥の容器に炒り高野とともに混ぜごはん要員として詰めました。

Column

おいしく作るための決まりごと

料理をするときによく出てくる基本の計量、火加減、切り方について、詳しくご説明します。

おいしく仕上げるための基本なので、しっかり覚えておきましょう。

計量

料理の味を決める塩、砂糖、しょうゆなどの調味料は、正しくはかります。計量スプーンは、大さじ½や小さじ½などの容量に細かく分かれてセットになったものもあるので、まちがえないように注意しましょう。

大さじ、小さじ

小さじ1＝5mℓ（5cc）、大さじ1＝15mℓ（15cc）です。粉類をはかるときは、まず山盛りにしてから、スプーンの柄などで表面を平らにして「すりきり」の状態にします。

少々

親指と人さし指でつまんだ量で、ひとつまみよりもさらに少ない量です。

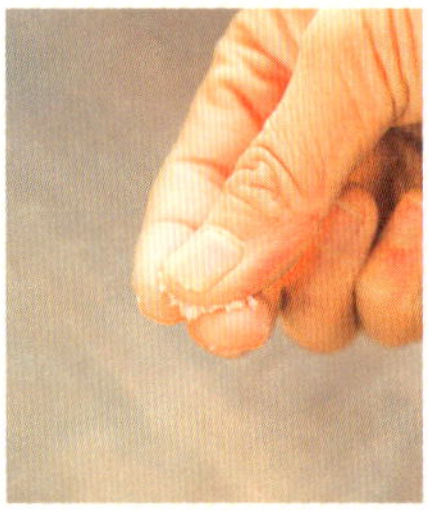

ひとつまみ

親指、人さし指、中指の3本の指先でつまんだ量です。

火加減

火加減は料理の仕上がりを大きく左右する、とても大切なポイントです。家庭用のガスコンロは、炎から鍋底までの距離が短いため、火加減は思っているよりも弱めにすると焦げつきなどの失敗が少なくなります。

強火

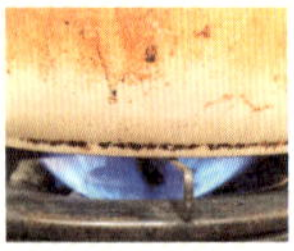

「コンロのつまみMAX!!」ではなく、炎の先が鍋の底に当たり、炎の先が折れ曲がった状態です。

中火

炎の先が鍋の底にちょうど当たって、炎の先が折れ曲がらない状態です。

弱火

炎の先がコンロと鍋底の中間くらいの状態です。

切り方

いろいろな切り方がこの本には出てきますが、中でも少しわかりづらいものや、大きさの目安を知ると便利、というようなものをピックアップしました。覚えると、スムーズに作業できて、調理時間の短縮にもつながります。

そぎ切り

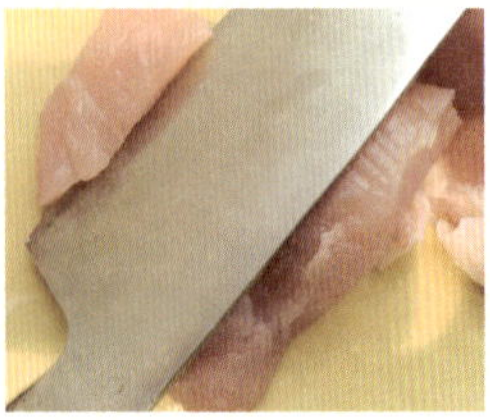

鶏肉のような厚みのあるものを、そぐように切る方法です。右利きの場合、左から包丁の刃を右側にねかせるように肉に当てて、手前に引きながら切ります。表面積が大きくなり、厚みがそろうので、短時間でまんべんなく火が通り、味も均一に行き渡ります。

一口大

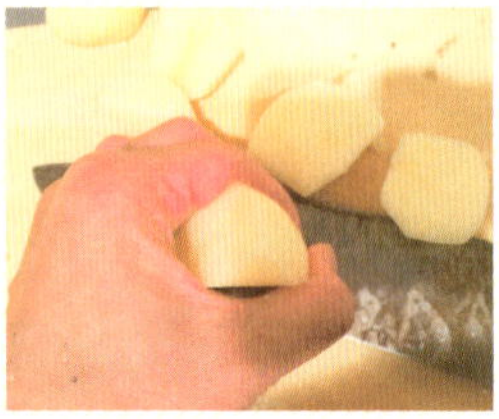

親指と人さし指で「OK」の形を作った中に入るくらいの大きさを目安にするといいです。

乱切り

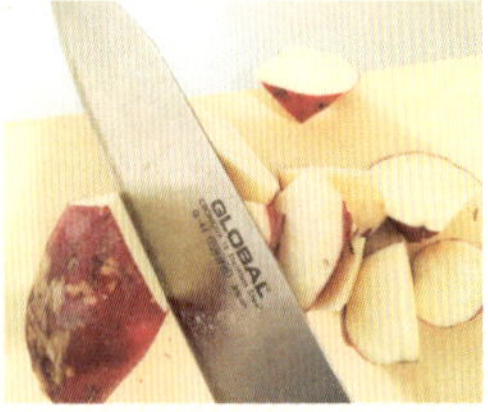

まず包丁を斜めに入れて切り、前の切り口が上になるように素材を少し回し、切り口の端から包丁を斜めに入れて切ります。これをくり返します。形は不ぞろいでも、できるだけ大きさをそろえましょう。

○cm幅

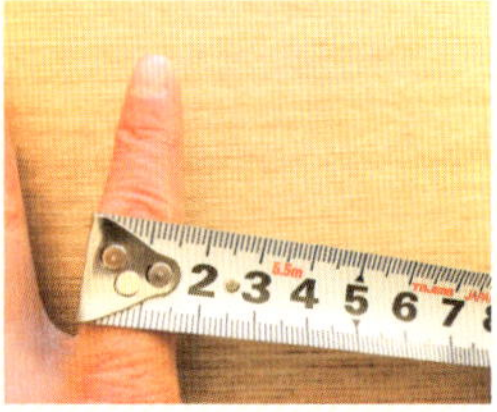

「人さし指の幅」を覚えておくと便利です。私の場合、人さし指の幅が約1.5cmなので、7〜8mm幅なら人さし指半分、3cmなら人さし指2本分と、指の幅を目安にして切ります。

Chapter 1

リピート率の高い作り置きおかず5

ひじきたっぷり炒り高野

材料(4人分)

乾燥ひじき…10〜15g
高野豆腐…1個(15〜17g)
油揚げ…1枚
豚ひき肉…80〜100g
ごぼう…⅓本(50g)
にんじん…小½本
えのきだけ…½袋(100g)
こんにゃく…½枚

A
だし汁…200㎖(または水200㎖+顆粒和風だしの素小さじ½)
しょうゆ…大さじ2
砂糖…大さじ1
みりん…小さじ2

毎週欠かさず作っている作り置きが、このおかずです。そのままはもちろんですが、具材でバリエーションがつけられ、アレンジもきくので、毎日食べても不思議と全然飽きません。ミネラルや食物繊維がたっぷりなのも、うれしいポイントです。煮ものなどは、水分が多いほど傷みやすくなるので、最後は、汁けがほとんどなくなるまでしっかり炒り煮にするのが大切です。作り方自体は簡単なのですが、材料を刻むのがめんどうな場合は、フードプロセッサーを使って、粗めに細かくすれば、手早くできてラクですよ。

保存期間
冷蔵で
1週間

4 野菜を切る

ごぼうは水洗いし（アルミホイルやたわし、スポンジのかたい部分などを使い、泥を落とす。皮はむかない）、1cm幅に切る（太い場合は、縦半分に切ってから1cm幅に切る）。にんじんは1cm角に切る。えのきだけは根元を切り落とし、2〜3cm長さに切る。

5 こんにゃくの下ごしらえをする

こんにゃくは1cm角に切る。鍋を熱してこんにゃくを入れ、表面が乾いて「ピューピュー」という音にかわるまで中火で炒め、アクを抜く。

6 炒り煮にする

5の鍋にひき肉を加え、肉が白くなるまで炒める。にんじん、ごぼうを加え、全体に肉の脂がまわるまで炒め、えのきだけ、ひじき、高野豆腐、油揚げを順に加え、ざっくりと炒める。**A**を加えて弱めの中火にし、混ぜながら、炒り煮にする。鍋を傾けて、汁けが鍋の底に少しにじむ程度になったら火を止める。急冷（P10）し、冷蔵保存する。

おすすめの具材

ひじき、高野豆腐、にんじん、こんにゃく、ひき肉（鶏肉でも、鶏皮でもよい）を基本とし、以下のような具材を加えて作ると、さらにおいしさが増します。

きのこ　しめじ／生しいたけ／エリンギ／まいたけ／なめこ／ブラウンマッシュルーム

根菜　れんこん（50gを目安に）

豆類　水煮大豆（50gを目安に）

彩り用として　さやいんげん／絹さや（ともに筋を取って塩ゆでにし、冷水にとって色止めして斜め切りにし、食べるときに添える）

作り方

1 ひじきを戻す

ひじきはたっぷりの水に10〜15分ほどつけて戻す。上からすくってざるに上げ（砂などが下に落ちるので、ひじきはすくって取り出すとよい）、ざるに入れたまま2〜3度水をかえて軽くすすぎ、水けをきる。

2 高野豆腐を戻す

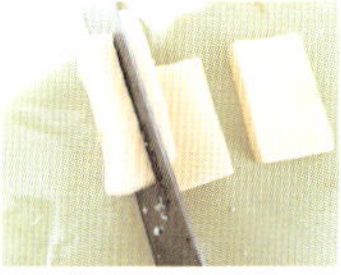

大きめのバットかボウルに50℃くらいの湯を入れ、高野豆腐を加え、10分ほどひたして戻す。水分を吸って2倍くらいの大きさになったら、水けをギュッと絞って1cm角に切る。

3 油揚げを油抜きする

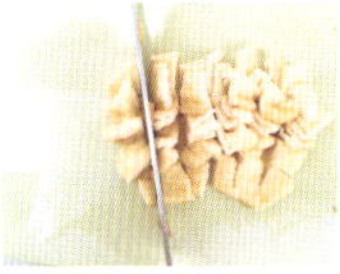

鍋に湯を沸かし、油揚げを30秒ほどつけ（火は止めても、つけたままでもOK）、ざるに上げ（または、キッチンペーパーで包んで電子レンジで30秒〜1分加熱）、水けを絞り、1cm角に切る。

アレンジのヒント

- いろいろな具材でアレンジできます。おすすめの具材については、左記を参照してください。
- ごはんに混ぜると、絶品の混ぜごはんになります。
- 卵液に混ぜたり、芯にして巻いて、卵焼きに。
- 炒り高野に同量程度の豆腐（絹ごしでも木綿でもOK）を加え、くずしながらあえると、白あえがすぐ作れます。

蒸し鶏

材料（作りやすい分量）

鶏むね肉…2枚（500〜600g）
酒、水…各100㎖
長ねぎ（青い部分）…1本分
しょうが（皮付き・2㎜厚さの薄切り）…3〜4枚
昆布…5〜6㎝

蒸し鶏は、サラダやあえものなど、アレンジが自由自在で便利な作り置きおかずです。鶏肉は、ねぎ、しょうが、昆布と一緒に蒸すと、ねぎとしょうがが肉の臭みを消し、昆布の「グルタミン酸」といううまみ成分が、鶏肉のうまみ成分「イノシン酸」に加わり、飛躍的にうまみが向上、1＋1が3にも4にもなります。また、弱火で蒸し、余熱で火を通すことでパサつかず、うまみも逃げにくくなります。酒蒸ししている間は、混ぜたり、肉をひっくり返したりせず、ふたをしたまま放置して、熱をしっかりと中まで行き渡らせましょう。

保存期間
冷蔵で **5日**
冷凍で **1カ月**
※ほぐしてから冷凍

※写真は、蒸し鶏の梅あえ（作り方は次のページを参照）。

作り方

1 下ごしらえをする

鶏肉は皮を取り、流水で洗う。

2 酒蒸しにする

鍋（またはフライパン）に鶏肉を重ならないように並べ、残りのすべての材料を入れ、ふたをして弱火にかける。沸騰したら10～11分（鶏肉1枚の場合は7～8分）蒸し煮にする（途中、吹きこぼれるときは、ふたを少しずらす）。

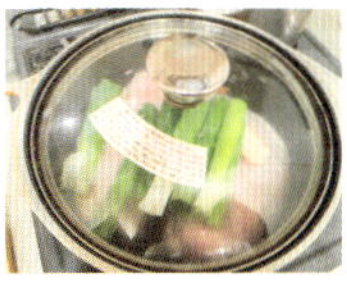

3 余熱で火を通す

火を止め、ふたをしたまま5分以上おき、余熱でさらに火を通す。火の通りが心配な場合は、鶏肉に竹串を刺してみて、透き通った汁が出てきたらOK。急冷（P10）し、ざっと半分くらいか食べやすい大きさに、繊維に沿って裂き、蒸し汁ごと保存容器に入れて、冷蔵保存する。

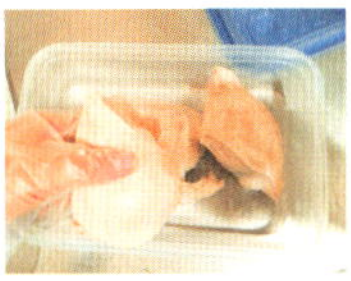

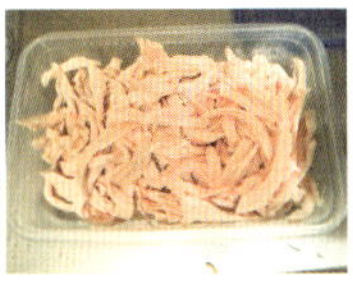

残った蒸し汁は

これだけで飲み干せるほどおいしいので、スープのだしとしてぜひ再利用を。例えば、ねぎ、しょうが、昆布を取り除き、水適量と塩、こしょう各少々、ねぎやわかめを加えて煮るだけで、簡単絶品スープに。

蒸し鶏を使った作り置きレシピ

保存しておいた蒸し鶏を食べるときにアレンジしても、アレンジしたものを作り置きしても、どちらもOKなおすすめメニューをご紹介します。

保存期間 冷蔵で5日

サラダバンバンジー

材料（4人分）

蒸し鶏全量　きゅうり2本　A（しょうがのすりおろし½片分　にんにくのすりおろし1片分　ねぎのみじん切り大さじ1　芝麻醤《チーマージャン》大さじ2〈または白練りごま大さじ1½＋ごま油大さじ½〉　砂糖、酢、しょうゆ各大さじ1½　豆板醤小さじ½）

作り方

1 きゅうりはせん切りにし、水けをギュッと絞る。Aは混ぜ合わせる。
2 ほぐした蒸し鶏、きゅうりを合わせ、Aであえる。

保存期間 冷蔵で4日

アボカドあえ

材料（3～4人分）

蒸し鶏半量　アボカド1個　A（レモン汁小さじ1　めんつゆ〈3倍濃縮〉大さじ1　練りわさび〈市販のチューブ・好みで〉4～5cm）

作り方

1 アボカドは半分に割って種を取り、皮を下にして、皮まで切らないように実を適当な大きさに切り、実を皮からはずす。
2 ボウルにA、1を入れ、アボカドをざっとつぶしながら混ぜる。
3 ほぐした蒸し鶏を2に加え、あえる。保存するときは、ラップをアボカドあえの上にぴっちりと密着させておくと、アボカドの変色防止に。

保存期間 冷蔵で5日

梅あえ

材料（3～4人分）

蒸し鶏半量　みょうが2個　青じそ5枚　梅干し大2個　A（だし汁、酒各大さじ1　しょうゆ、みりん各小さじ1）

作り方

1 梅干しは種を除き、包丁でたたく。小鍋にAを入れて火にかけ、煮立ったら火を止める（電子レンジで30秒加熱してもよい）。梅干しを加え、混ぜる。
2 みょうがは根元を少しだけ切り落とし、縦半分に切ってから繊維に沿ってせん切りにする。青じそは小さく切る。
3 ほぐした蒸し鶏に1、2を加え、あえる。

ほうれん草のおひたし二種

速攻おひたし

保存期間
冷蔵で4日
冷凍で1カ月

材料（4人分）

ほうれん草…1束（200g）

A
- だし汁…100mℓ（または水100mℓ＋顆粒和風だしの素小さじ½）
- 薄口しょうゆ（なければしょうゆ）…大さじ1
- 砂糖…小さじ1

すごいおひたし

保存期間
冷蔵で4日
冷凍で1カ月

材料（3〜4人分）

ほうれん草…1束（200g）
しょうゆ、みりん、酒…各小さじ2
ごま油…小さじ2

B
- 白すりごま…大さじ1
- 刻みのり…大さじ1

私がよく作るおひたしは、二種類あります。ささっと作れる「速攻おひたし」と、削り節やのりなどのうまみ素材をたっぷりと使った「すごいおひたし」。どちらももちろん、ほうれん草以外の葉野菜でも作れます。おいしさの決め手は、ほうれん草の下ごしらえをていねいにすること。できるだけ長さをそろえて切り、ゆでるときは、調味料がしみ込んでもやわらかくなりすぎないよう、ゆですぎに注意し、水にさらしてアクを抜きましょう。水けをしっかり絞ることで、味がよくしみ込み、保存中に味がぼやけることもありません。

作り方

1 切る

ほうれん草はゆでやすいように長さを半分に切り、茎の部分と葉の部分に分ける。

2 ゆでる

フライパンに水400mℓを沸かし、塩小さじ1（分量外）を加え、ほうれん草の茎の部分を入れ、ふたをする。30秒ほどゆでたらの葉の部分を加え、ふたをし、ときどき菜箸でざっと混ぜながらゆでる。30秒ほどして全体がしんなりしてきたら、たっぷりの冷水にさらす。

3 水けを絞り、切る

水けをしっかりと絞り、3〜4cm長さに切り、さらに水けを絞る。

4 仕上げる

「速攻おひたし」の場合

Aを混ぜ、ほうれん草を加えてよくあえ、冷蔵保存する。食べるときに好みで削り節をかける。

「すごいおひたし」の場合

鍋にしょうゆ、みりん、酒を入れて火にかけ、煮立ったら火を止める（こうすることでみりんと酒の不要なアルコールがとぶ／電子レンジで40〜50秒加熱してもよい）。粗熱がとれたらごま油を加えて混ぜ、ほうれん草、Bも加えて混ぜ、冷蔵保存する。

ほかの葉野菜で作るときは

ほうれん草以外にも、以下のような葉野菜で同様においしく作れます。

小松菜、春菊

小松菜1束（200g）、春菊1束（200g）はそれぞれほうれん草と同様にゆで、冷水にさらして水けを絞り、3〜4cm長さに切ってあえる。

チンゲン菜

1 チンゲン菜4株は4cm長さに切って茎の部分と葉の部分に分ける。
2 湯1ℓに塩大さじ1を入れ、1の茎の部分を入れてゆで、再び沸騰したら葉の部分を加える。再び沸騰しそうになったら、ざるに上げる。あとはほうれん草と同様に冷水にさらして水けを絞り、あえる。

菜の花

1 菜の花1束（200g）は根元のかたい部分は切り落とし、つぼみと茎の部分に切り分ける。
2 湯1ℓに塩大さじ1を入れ、1の茎の部分を入れてゆで、再び沸騰してきたらつぼみの部分を加え、1分ほどゆでてざるに上げる。あとはほうれん草と同様に冷水にさらして水けを絞り、あえる。

にら

1 にら2束（220g）は4cm長さに切る。
2 沸騰湯に1を入れ、3つ数えたらざるに上げ、できるだけ広げて冷ます。水けを絞り、あとはほうれん草と同様にあえる。

切り干し大根のあっさり中華サラダ

保存期間
冷蔵で
5日

材料（4人分）

切り干し大根…40g
にんじん…½本
きゅうり…1本

A
- だし汁…大さじ1（または水大さじ1＋顆粒和風だしの素少々）
- しょうゆ、酢、ごま油…各大さじ1
- 砂糖…小さじ1
- 白いりごま…大さじ1

切り干し大根はさっぱりとしたサラダにすると、煮ものとはまたちがった味わいで、もりもり食べられます。切り干し大根をゆでるのがめんどうであれば、水につけて戻すだけでもよいです。私は自宅で切り干し大根を作ることが多いので、衛生面から調理のときは、いつも煮沸するようにしています。あえるときは、具材の水けをしっかり絞ってからにしましょう。にんじんやきゅうりも、せん切りにしたあとに水けが出てくるので、あえる前に絞ってくださいね。味がよくなじみ、日にちがたっても最後までおいしさがキープできます。

作り方

1 切り干し大根を戻す

切り干し大根は、水にくぐらせてさっと洗い、汚れやゴミを取り除く。鍋に湯を沸かして1分ほどゆで、ざるに上げる。粗熱がとれたら水けを絞り、長ければ食べやすい長さに切って、ほぐしておく。

2 にんじんときゅうりを切る

にんじんときゅうりはせん切りにする（スライサーを使うと、とても細いせん切りが簡単にできる）。

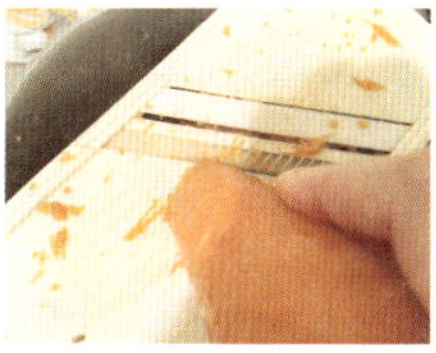

3 ドレッシングを作る

ボウルにAを入れ、よく混ぜる。

4 あえる

切り干し大根、にんじん、きゅうりを水けを絞ってから加え、よくあえて冷蔵保存する。でき立てもおいしいが、時間がたったほうが味がよくなじむ。

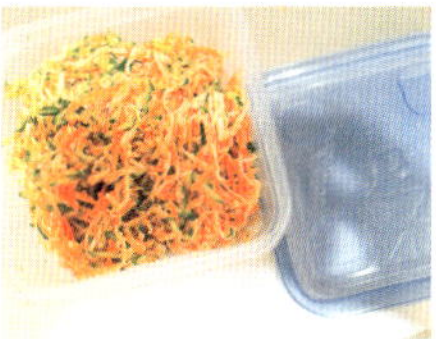

アレンジのヒント

- 食べるときに、ほかの具材を加えてあえれば、おいしくボリュームアップできて、最後まで飽きずに食べきれます。特に薄焼き卵、トマト、わかめ、ハム、かに風味かまぼこ、もやし、春雨がおすすめです。
- さっぱりしているので、揚げものや肉料理などのつけ合わせにもぴったりです。
- 酢が効いているので、衛生的でお弁当にも向いています。詰めるときは、水けをよくきりましょう。

ゆでたもやしをプラス！

戻した春雨、薄焼き卵をプラス！

野菜たっぷり ヤムウンセン

材料（4人分）

緑豆春雨…100g
鶏ひき肉（または豚ひき肉）…100g
むきえび…100g（10〜12尾）
紫玉ねぎ（または玉ねぎ）…½個
　塩…小さじ⅓
セロリ…½本
トマト…1個（またはプチトマト5〜6個）
万能ねぎ…½束（6〜7本）
香菜…1束（3〜4本）
乾燥きくらげ…5g（約大さじ1）
砂糖、熱湯…各大さじ1
A｜ナンプラー、レモン汁…各大さじ2
　｜赤とうがらし（あれば青とうがらし）の
　｜　小口切り（好みで）…大さじ1

ヤムウンセンは野菜をおいしく、たっぷりと食べられるので大好きです。作り立てを食べる場合は、本場タイのようにぜひ、温かい状態で、どうぞ。ひき肉、えび、刻みナッツなどを多めに入れるとおいしくなります。反対に、具材を野菜だけにしてしまうと、「飽きる味」となるので、ひき肉は、少なくても100gは入れましょう。むきえびのかわりに、桜えびを加えてもいいですよ。ナンプラーはおいしくてハマりますが、塩分がきついので、入れすぎには注意です。保存中は、ときどき上下を返すように混ぜると、味ムラが防げます。

保存期間
冷蔵で
5日

作り方

1 材料を切る

きくらげは水で戻し、1cm幅に切る。玉ねぎは薄切りにし（スライサーを使うと、手早くきれいにできる）、塩をふって混ぜる。セロリは葉の部分は3〜4cm長さに切り、茎の部分は3〜4cm長さの薄い斜め切りにする。トマトは1cm幅の輪切りにしてから1cm幅の棒状に切る。万能ねぎ、香菜は3〜4cm長さに切る。

2 合わせ調味料を用意する

ボウルに砂糖と熱湯を入れ、混ぜて砂糖を溶かす。Aを加え、よく混ぜる。

3 えび、ひき肉をゆでる

鍋に耐熱性のざるを重ね、水を七分目ほど入れ、中火にかける。沸騰したらむきえびを入れ、赤くなるまで30秒ほどゆで、ざるごと引き上げて軽く湯をきり（やけどに注意）、2に加える。再びざるを重ねて湯にひき肉を入れ、菜箸でほぐしながらゆでる。全体が白くなったら、ざるごと引き上げて湯をきり、2に加える。

4 きくらげ、春雨をゆでる

3の鍋の表面にアク取りシートやキッチンペーパーをのせて、アクをさっと除く（鍋の側面にもアクがついているので、なでつけるように取り除く）。きくらげ、春雨を入れ、春雨をかためにゆで、ざるに上げて湯をきり、2に加える。

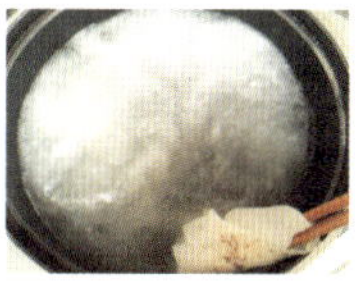

5 あえる

玉ねぎの水けを絞り、残りの野菜とともに2のボウルに加え、よくあえて、冷蔵保存する。

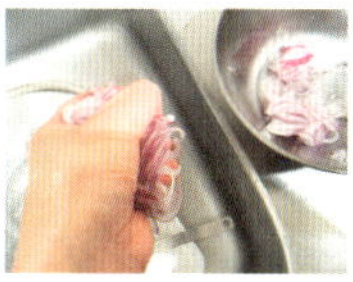

アレンジのヒント

- 具材はほかに、刻みナッツ、水菜、プリーツレタス、パプリカなどもよく合います。
- ライスペーパーで包んで生春巻きに。スイートチリソースをつけて、どうぞ。
- なんちゃってフォーも作れます。湯400mℓあたり鶏ガラスープの素小さじ1を加えて煮立て、好みで一口サイズにそぎ切りにした鶏肉を加えてアクを取り、ヤムウンセンを好きなだけ加えてひと煮立ちさせます。好みで香辛料（カルダモン、コリアンダーなど。なければしょうがのすりおろしでも）少々を加え、ナンプラーやこしょうで味を調え、香菜を散らせば、でき上がりです。

生春巻きに！

フォーに！

意外と便利なカット野菜

野菜を切っただけ、ゆでただけのものを冷蔵保存しておくと、手軽にいろいろアレンジができ、野菜不足解消にも役立ちます。にんじんやパプリカは、サラダなどに加えるだけで、パッと華やかに変身します。

せん切りにんじん

保存期間
冷蔵で
5日

材料
(使いきりやすい分量)
にんじん…2本

作り方
にんじんは皮付きのまま、スライサーなどでごく細いせん切りにする。

おすすめアレンジ

にんじんオムレツ

材料と作り方(1人分)
1 せん切りにんじん½本分に塩ひとつまみ、オリーブ油小さじ1を加えてあえ、耐熱容器に入れる。ラップをかけ、電子レンジで2分ほど加熱し(または弱火で炒める)、粗熱をとる。
2 卵2個を割りほぐし、こしょう少々、ピザ用チーズ10g、**1**を加えて混ぜる。
3 フライパンにオリーブ油小さじ1を弱火で熱し、**2**を流し入れて混ぜ、半熟状になったら形を整えながら焼く。

その他のアレンジ
キャロットラペ/いろいろなサラダのトッピング

オニオンスライス

保存期間
冷蔵で
5日

材料
(使いきりやすい分量)
玉ねぎ…3個

作り方
玉ねぎはスライサーなどでごく細い薄切りにする。

おすすめアレンジ

オニオンサラダ

材料と作り方(1人分)
オニオンスライス½個分にめんつゆ小さじ1、米酢小さじ2を加えてあえる。器に盛り、削り節大さじ1をかける。
※冷ややっこにのせてもおいしい。

その他のアレンジ
ポン酢あえ/ポン酢+マヨあえ/肉料理や魚料理のトッピング

ゆでほうれん草

保存期間
冷蔵で
5日

材料
(使いきりやすい分量)
ほうれん草
…1束(200g)
水…400mℓ
塩…小さじ1

作り方
「ほうれん草のおひたし二種」(P27)の作り方**1**〜**3**を参照し、ほうれん草をゆで、冷水にさらし、3〜4cm長さに切る。さらに水けをしっかり絞る。

おすすめアレンジ

ほうれん草のココット

材料と作り方(1人分)
1 耐熱容器にゆでほうれん草¼束分を入れ、オリーブ油小さじ1、塩ひとつまみ、こしょう少々を加えて混ぜる。ラップをかけ、電子レンジで1分加熱する。
2 **1**の中央をくぼませ、卵1個を割り入れ、粉チーズ小さじ1、ピザ用チーズ10gをかけ、オーブントースターで2〜3分、チーズが溶けるまで焼く。

その他のアレンジ
あえもの/おひたし/シチューの具

保存期間
冷蔵で
5日

ゆでアスパラガス

材料（使いきりやすい分量）
グリーンアスパラガス…1束
塩…小さじ2

作り方

1 アスパラガスは根元のかたい部分を手でポキッと折り、根元側4〜5㎝の皮をピーラーで薄くむく（折った根元とむいた皮はとっておく）。
2 鍋に1の根元と皮、水1ℓ、塩を入れて火にかけ、煮立ったらアスパラガスを加え、細いものなら1分20秒、中くらい（人さし指程度）の太さのものなら1分30秒〜1分40秒、もっと太ければ2分ほどゆでる。氷水につけてすぐにとり出し、水けをふいて食べやすく切る（根元と皮を入れると、ゆで汁の濃度が上がり、アスパラガスの成分が逃げにくくなる。最後に取り除く）。

おすすめアレンジ

アスパラの梅おかかあえ

材料と作り方（1人分）
1 梅干し大1個は種を取り、包丁で細かくたたき、削り節大さじ1をよく混ぜる。
2 ゆでアスパラガス1束分を1であえる。

その他のアレンジ
オーブン焼き／サラダ／あえもの／シチューの具／お弁当の彩り

スライスきゅうり

保存期間
冷蔵で
5日

材料（使いきりやすい分量）
きゅうり…3本
塩…ひとつまみ

作り方
きゅうりは薄切りにし、塩をふってざっと混ぜ、しばらくおく。水けをギュッと絞る。

おすすめアレンジ

きゅうりの酢のもの

材料と作り方（1人分）
乾燥わかめ大さじ1は水で戻し、水けをきって食べやすく切る。スライスきゅうり1本分、白ごま、めんつゆ（3倍濃縮）、米酢各小さじ1を加えてあえ、あればしょうがのすりおろし$\frac{1}{3}$片分を添える。

その他のアレンジ
サラダ／あえもの

保存期間
冷蔵で
5日

ゆでブロッコリー

材料（使いきりやすい分量）
ブロッコリー…1株
にんにく…2片（または市販のチューブ小さじ2）
塩…湯1.5ℓに対し大さじ1

作り方

1 ブロッコリーは小房に分け、ボウルに水をはり、ふり洗いする。
2 茎は表面のかたい皮をピーラーか包丁で厚めにそぎ、6〜7㎜幅（アスパラガスくらいの細さの棒状）に切り、さらに食べやすい長さに切る。にんにくは薄切りにする。
3 鍋に湯を沸騰させ、塩、にんにく、ブロッコリーを入れて2分ほどゆでる。ざるに上げ、そのまま冷ます。

おすすめアレンジ

ブロッコリーのオーブン焼き

材料と作り方（1人分）
サラダ油を薄く塗った耐熱容器に、ゆでブロッコリー適量を並べ、ピザ用チーズをブロッコリーが少しかくれる程度にのせ、黒こしょう少量をふる。オーブントースターでチーズが溶けるまで焼く。

その他のアレンジ
サラダ／シチューの具／お弁当の彩り

カットパプリカ

保存期間
冷蔵で
5日

材料（使いきりやすい分量）
パプリカ（赤・黄）…各1個

作り方
ヘタと種、ワタを取って縦に薄切りにする。

おすすめアレンジ

パプリカのサラダ明太子ディップ

材料と作り方（1人分）
1 からし明太子1腹（30g）は薄皮を取り、オリーブ油小さじ2を加えてほぐす。にんにくのすりおろし1片分、マヨネーズ小さじ2を加えてよく混ぜ、レモン汁小さじ$\frac{1}{2}$を加え、混ぜる。
2 器にカットパプリカを盛り、1につけながら食べる。

その他のアレンジ
オムレツ／サラダのトッピング／お弁当の彩り

Colu

台所整理術

ワンルームのキッチンはとてもせまいので、収納スペースは限られてしまいます。そこで、調理器具は必要最小限の種類に絞り、使いやすく、しまいやすい場所に収納するように心がけています。調理台は余分な物を置かず、広々としたスペースにしておくことで、作業効率もアップします。

ガスコンロまわり

汚れやすい場所なので、いつでも汚れをふけるように、あれこれと物を置かない。調理後は、まな板のみをガスコンロ横へ収納しておく。

ガスコンロ下の引き出し

砂糖は冷蔵庫に入れると水分が抜けて固まってしまうため、こちらに収納。ほかに、こしょうや一味とうがらしなど。

ガスコンロ下

市販の収納ラックを置き、ボウルやざる、鍋、おろし器、小さいまな板などを収納。ボウルと鍋は、積み上げるよりも立てて収納することで、取り出しやすくなる。

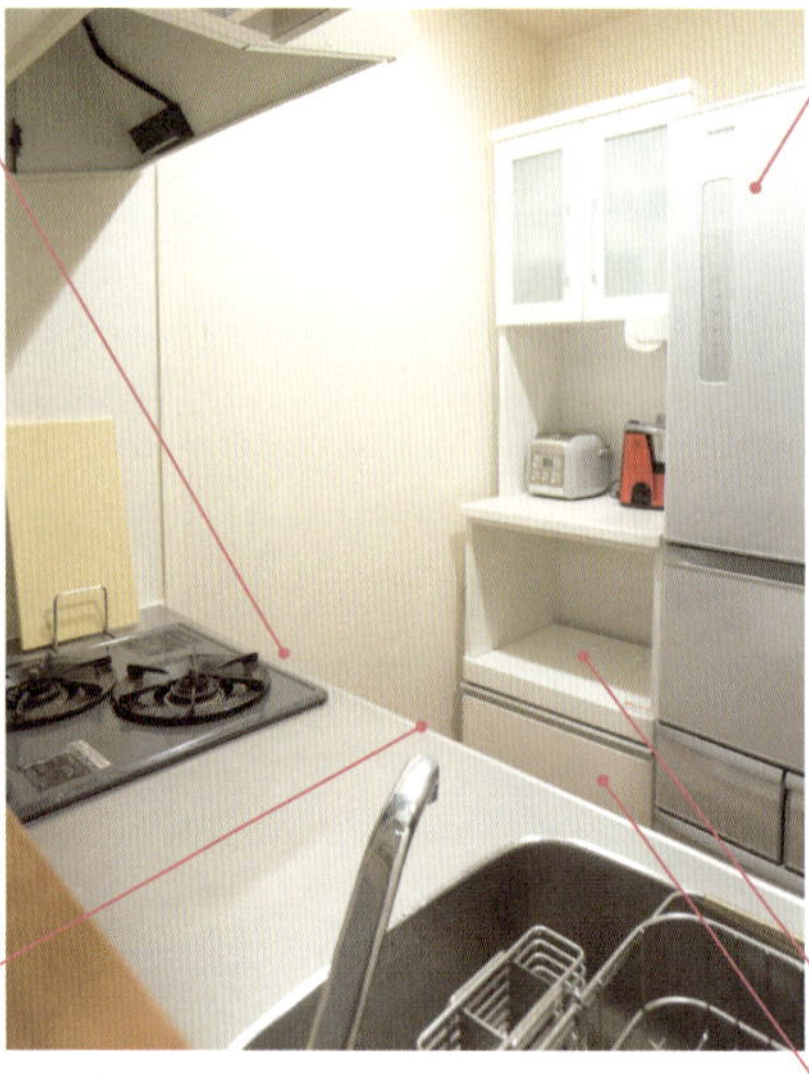

冷蔵室の上段

粉がつおや刻みのり、乾燥えび、青のりなどの乾物は、容器に移し替え、冷蔵庫に収納。取っ手つきの容器なら上段でも取り出しやすく、同じものでそろえると、見た目もすっきり。

調理台の引き出し

大小の仕切りかごを置き、しゃもじやへら、菜箸、計量スプーンなどを収納。ぎゅうぎゅう詰めにすると、何が入っているのかわかりにくく、取り出しにくいので、余裕をもって収納を。

レンジボードの棚

調理台の反対側にレンジボードを設置。シンクまわりに洗いものをふせるスペースがないため、ここにふきんを敷き、水きりかごのかわりに。

シンク下

油や酢、酒のような大物の調味料、においの移りにくい缶詰などは、奥のものが取り出しやすい引き出せるラックに入れて収納。ほかには、洗剤、保存袋、ラップなど。

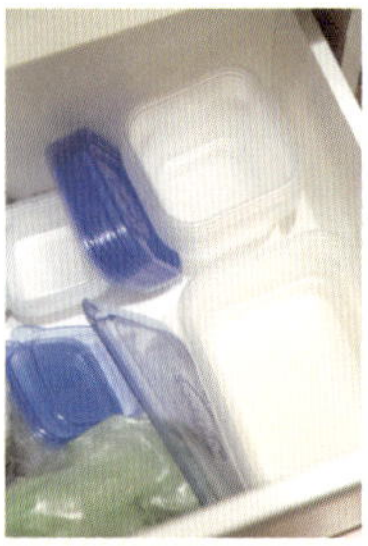

レンジボード下の引き出し

よく使う保存容器を収納。同じものでそろえておけば、重ねてコンパクトに収納できるのでおすすめ。

Chapter 2

肉、魚、卵の作り置きおかず

肉じゃが

材料（4人分）

豚こま切れ肉…200g
じゃがいも…4個（500g）
玉ねぎ…1個
しらたき…1袋（250g）
サラダ油…大さじ1
酒…100mℓ
だし汁…300mℓ（または水300mℓ＋
　顆粒和風だしの素小さじ⅔）
みりん、しょうゆ…各大さじ2

私の肉じゃがは、安価な豚肉で、色味野菜はあえて使わず、シンプルです。たっぷりのだし汁と酒で煮て、具材のうまみをいかします。煮る前にじゃがいもと玉ねぎをしっかりと炒めるのは、じゃがいもの煮くずれを防ぎ、玉ねぎの甘みを引き出すためです。煮ものは、冷めるときに味がしみ込むので、当日に食べる場合も、いったん冷まし、食べる直前に温めましょう。肉じゃがのようないも類の煮ものは、冷める間に煮汁をたっぷりと吸います。煮汁を多めに仕上げ、冷ましながら具材に煮汁を吸わせるというのも、おいしさのコツです。

保存期間
冷蔵で
5日

作り方

1 野菜を切る

じゃがいもは皮をむき、一口大の乱切りにして、たっぷりの水にさらす。玉ねぎは繊維に沿って1㎝幅の薄切りにする。

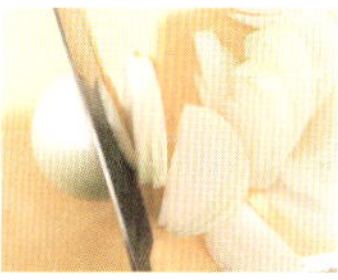

2 しらたきのアク抜きをする

しらたきは長ければキッチンばさみで食べやすい長さに切り、水けをきって塩小さじ1（分量外）をふってもむ。鍋に湯を沸かし、しらたきを入れて1分ほどゆで、ざるに上げて湯をきる。

3 じゃがいもと玉ねぎを炒める

鍋（または厚手のフライパン）に水けをきったじゃがいも、玉ねぎ、サラダ油を入れ、全体をよく混ぜ、中火にかける。このまま5分ほど放置し、じっくりと焼く。全体をざっと混ぜ、じゃがいもが少し透き通ってくるまで3～5分炒める。

4 煮る

豚肉、しらたき、酒、だし汁を加えて強火にし、煮立ったら中火にしてアクを取り、8～10分煮る。じゃがいもに竹串を刺してみて、スッと通るくらいになったら、みりん、しょうゆを加え、全体をざっと混ぜ、3分ほど煮て火を止める。急冷（P10）し、冷蔵保存する。

アレンジのヒント

＼オーブン焼きに！／

- 耐熱皿に肉じゃがを入れ、ピザ用チーズをかけて、オーブンやオーブントースターで焼きます。具材は大きいままでも、粗くつぶしても、お好みで。
- コロッケに。肉じゃがの具材のみを粗くつぶして丸め、小麦粉、溶き卵、パン粉の順に衣をつけて、揚げます。
- スペイン風オムレツに。肉じゃがお玉1杯分は具材を1～2㎝角に切り、卵3個と混ぜ、油をひいたフライパンで両面焼きます。
- 速攻カレーに。煮汁が少ない場合はだし汁を加え（2人分で250㎖くらいの煮汁にする）、鍋に入れてひと煮立ちさせます。火を止めて、カレールウを加え、再度ひと煮立ちさせてでき上がりです。

キャベツたっぷりチキントマトシチュー

材料（3〜4人分）

鶏もも肉… 大1枚（350g）
キャベツ…½個
玉ねぎ…1個
にんにく…2〜3片
トマト水煮缶…1缶（400g）

A
- 固形コンソメスープの素…1個（または鶏ガラスープの素小さじ2）
- 白ワイン（または酒）…100mℓ
- 砂糖…小さじ½
- ローリエ…1〜2枚

塩…少々
黒こしょう…小さじ¼

鶏肉と野菜を切って鍋に入れ、あとは煮込むだけの簡単ノンオイルシチューです。肉と野菜がほろほろにとろけ、栄養たっぷりでヘルシー、ごはんにもパンにもパスタにも、そしてワインにもよく合います。夏から秋は、ぜひ、なすやきのこ類も一緒に煮込んでみてください。おいしいですよ。にんにくは多めに、ローリエは必ず加えるのがポイントです。キャベツ、トマト缶、白ワインの水分だけで煮込みますので、にんにくやローリエがないと、キャベツ独特のにおいが勝ちすぎて、少し薬臭い仕上がりになってしまいます。

保存期間
冷蔵で5日
冷凍で1カ月

作り方

1 下ごしらえをする

にんにくは薄切りにする（多少厚めでも構わない）。玉ねぎは半分に切ってから縦半分に切り、横3〜4等分に切る。鶏肉は一口大に切る（少し大きめくらいが、おいしく仕上がる）。トマト水煮は果肉を手でつぶす。

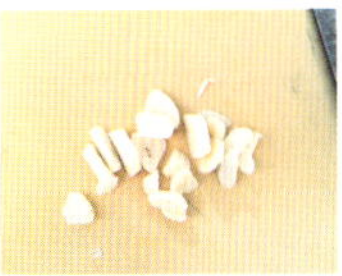

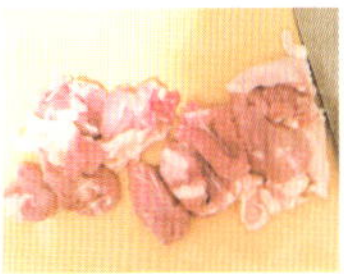

2 鍋に材料を混ぜる

圧力鍋にトマト水煮、**A**、にんにく、玉ねぎ、鶏肉を入れ、ざっくりと混ぜておく。

3 キャベツを切って、煮る

キャベツをざく切り（多少大きめでもOK）にし、**2**の鍋にふたをするようにどんどん入れていく。圧力鍋を高圧にセットし、ふたをして中火にかける。圧力がかかったら弱めの中火にし、10〜15分加圧する。

4 自然放置し、煮詰める

火を止め、そのまま自然放置する。ふたを取って弱めの中火にかけ、汁けをとばすように混ぜながら、少し煮詰める。味をみて、塩、黒こしょうで調える。急冷（P10）し、冷蔵保存する。

アレンジのヒント

- 野菜はなす（一口大の乱切り）、きのこ類もよく合います。また、鶏肉のかわりに粗びきソーセージでも。
- パスタソースに。フライパンにオリーブ油を熱し、かためにゆでたスパゲッティ1人分、トマトシチューお玉1杯強分を入れてひと煮立ちさせ、好みで黒こしょうをふります。
- 簡単リゾットは、鍋かフライパンにシチューお玉1杯強分を入れて煮立て、冷やごはん茶碗½杯分を加えて温めます。好みで粉チーズやパセリをふります。
- ごはん、バターライスなどを添え、ワンプレートにするのもおすすめです。

＼パスタに！／

＼リゾットに！／

普通の鍋で作るときは

作り方**2**で鍋に材料を入れ、キャベツも加えたら中火にかけ、煮立ったらふたをして弱火にし、1時間〜1時間30分ことこと煮込む。

鶏むね肉の南蛮漬け

材料（4人分）

鶏むね肉…2枚（500〜700g）
　塩…小さじ⅓
　片栗粉…約大さじ3
玉ねぎ…½個
にんじん…½本
赤とうがらしの小口切り（好みで）…1本分
サラダ油…大さじ1
A　だし汁…150mℓ（または水150mℓ＋
　　顆粒和風だしの素小さじ⅓）
　米酢…大さじ3
　しょうゆ、砂糖…各大さじ2

南蛮漬けは、時間がたつにつれて味がどんどんしみ込んでおいしくなる、作り置き向きのメニューです。赤とうがらしは省いてもおいしく仕上がるので、お子さんがいらっしゃる方や辛いものが苦手な方は、入れなくてもいいですよ。南蛮酢の粗熱がとれてから、具材を漬け込むのがコツです。南蛮酢が熱いと、鶏肉にさらに火が通り、かたくなってしまいます。また、貝割れ菜、青じそ、ねぎ、みょうがなどの薬味をプラスする場合は、食べるときにあしらいましょう。めんどうだからと一緒に漬け込むと、残念な色合いになってしまいます。

保存期間
冷蔵で1週間
冷凍で1カ月

作り方

1 下ごしらえをする

鶏肉は1㎝厚さのそぎ切りにし、塩をふる。玉ねぎは薄切りにし、にんじんはせん切りにする（スライサーを使うと、ラクにきれいにできる）。ポリ袋に鶏肉と片栗粉を入れ、袋の底をポンポンとたたいて、肉に粉をまぶす。

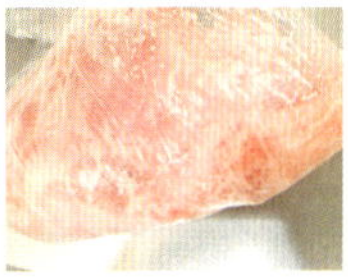

2 鶏肉を焼きはじめ、南蛮酢を作る

フライパンにサラダ油をひき、鶏肉を並べて弱火にかけ、混ぜたりせずに10分ほどじっくりと焼く。焼いている間に、鍋に**A**を入れて中火にかけ、煮立ったら玉ねぎ、にんじんを加える。再び煮立ったら火を止め、好みで赤とうがらしを加える。粗熱がとれたら保存容器に入れる。

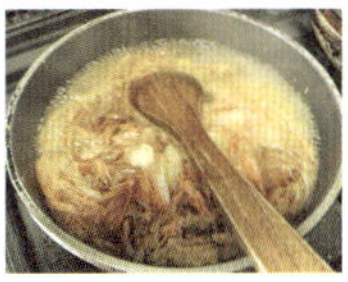

3 鶏肉を裏返して焼き、漬ける

鶏肉がきつね色になったら裏返し、さらに7〜8分焼く（火加減は、ずっと弱火のまま）。**2**の南蛮酢に焼き上がった鶏肉をどんどん漬け込んでいく。粗熱がとれたら冷蔵庫に入れ、2時間以上おく。

アレンジのヒント

- 鶏もも肉でも、もちろんおいしく作れます。
- 鮭で作る場合は、生鮭3切れは1切れを3〜4等分に切り、同様に片栗粉をまぶしてフライパンで焼き、南蛮酢に漬けます。
- 豆あじで作る場合は、約10尾を下ごしらえして片栗粉をまぶし、低温（150〜160℃）の油で10分ほどじっくりと揚げて、南蛮酢に漬けます。
- ごはんの上にのせて丼にするのもおいしいです。薬味をたっぷりかけて、どうぞ。

＼鮭の南蛮漬けに！／

グリルチキン

材料（4人分）

鶏もも肉…2枚（500〜600g）
　砂糖…小さじ1
　塩…小さじ½
　こしょう…少々
玉ねぎ…¼個
にんにく…1片（または市販の
　チューブ小さじ1）
レモン汁…大さじ1
サラダ油…大さじ1

鶏もも肉を玉ねぎとにんにくのすりおろし、レモン汁がベースの漬け汁に漬け込み、こんがりと焼き上げます。鶏肉の黄色い脂を取るのは、脂が残っていると、雑味が出てしまうからです。また、はみ出した皮を取るのは、仕上がりをきれいにするためですが、皮が大好きな方は取らずに調理してくださいね。皮に穴をあけておくと、焼き縮みを防ぐほかに、味をしみ込みやすくする効果があります。皮目から焼き、出てくる脂をきれいにふき取ることで、皮がパリッと香ばしく、味もよくからんだグリルチキンになります。

保存期間
冷蔵で **5**日
冷凍で **1**カ月

作り方

1 鶏肉の下ごしらえをする

鶏肉は黄色い脂や身からはみ出した皮を切り落とす。白い筋に包丁で1〜2cm幅の切り込みを入れて断ち切り、皮をフォークで刺し、たくさん穴をあけておく。砂糖、塩、こしょうの順にふり、よくもみ込む。

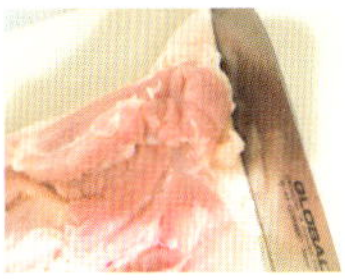

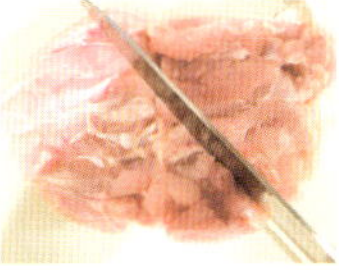

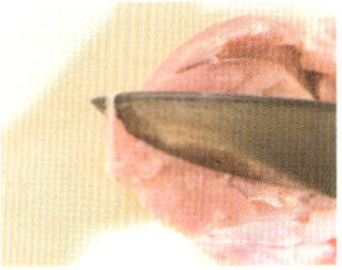

2 漬け汁に漬け込む

玉ねぎとにんにくはすりおろす。ポリ袋に玉ねぎ、にんにく、レモン汁、1の鶏肉を入れ、袋の上からよくもみ込み、冷蔵庫に10分以上おく。

※この状態で、冷蔵庫で3日間保存できる。

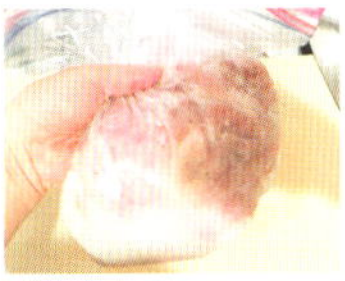

3 焼く

フライパンにサラダ油をひき、2の鶏肉を漬け汁をきって、皮目を下にして入れる(残りの漬け汁はとっておく)。弱火にかけて3分ほど焼くと脂が出てくるので、キッチンペーパーでふき取る。3〜4分して皮がパリッとこんがりとしたら裏返し、箸を刺すと透明な脂が出てくるまで焼き、余分な脂や焦げをふき取る。

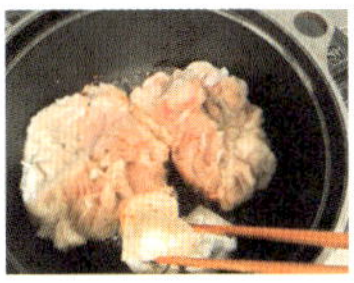

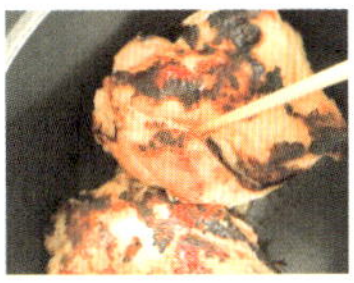

4 漬け汁をからめる

漬け汁を加え、1〜2分して煮詰まったら火を止める。粗熱がとれたら食べやすい大きさに切り、冷めたらフライパンに残ったソースをかけて、冷蔵保存する。

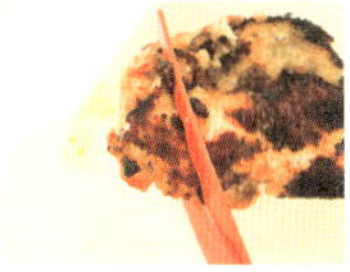

アレンジのヒント

- サルサ・メヒカーナ(P74)をたっぷりとかけて。ワカモレ(P74)ともよく合います。
- 大豆とトマトのマリネサラダ(P110)をたっぷりとかけてもおいしいです。
- 食パンにはさんで、サンドイッチに。

サルサ・メヒカーナをかけて!

マリネサラダをかけて!

チキンナゲット

保存期間
冷蔵で **5**日
冷凍で **1**カ月

材料（4人分／約20個分）

鶏むね肉…500g
豆腐（絹ごしでも木綿でもよい）…½丁（150g）
卵…1個
塩…小さじ⅔
こしょう…小さじ¼
A 小麦粉（または片栗粉）…大さじ8
　マヨネーズ…大さじ2
　酒、しょうゆ…各小さじ2
　好みのスパイス（あれば・次のページを参照）…少々
サラダ油…適量

アレンジのヒント

- 小麦粉のかわりに、玉ねぎとじゃがいも各1個をすりおろして加えると、ふわふわの食感になります。
- スパイスを数種使うと、肉の臭みが取れて風味もよくなりますが、入れすぎは注意です（おすすめの組み合わせは、次のページを参照）。
- そのままでもおいしいのですが、お好みでトマトケチャップや粒マスタードをつけて、どうぞ。

このチキンナゲットは、手軽に作れるアレンジバージョンです。フードプロセッサーがない場合は、鶏肉をおおざっぱでいいので、包丁でたたいて細かくしてください。というか、むしろ、包丁でたたいたほうがおいしくなりますよ。そして、鶏肉をひくときは、あまり細かくしすぎず、肉だねを粘りが出るまでよく混ぜると仕上がりがやわらかくなります。また、豆腐は水きりしないで加えるほうが、適度に水分が加わってしっとりとし、調味料もよくなじみます。豆腐がない場合は、卵をもう1個追加すると、なめらかさが増します。

作り方

1 鶏肉をひく

鶏肉は皮を取り、ぶつ切りにしてから、フードプロセッサーで粗めにひく。

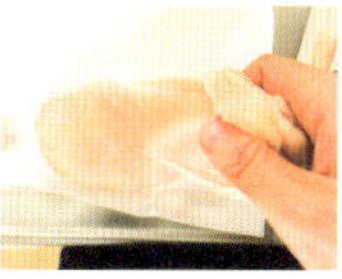
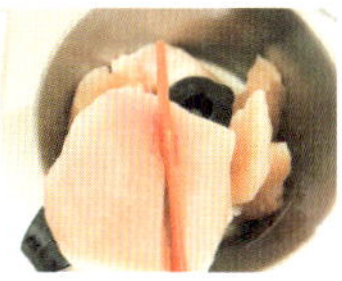

2 肉だねを混ぜる

ボウルに1の鶏肉、塩、こしょうを入れ、粘りが出るまでよく混ぜる（ここでしっかりと混ぜることで、残りの材料を混ぜたときに分離せず、よくなじむ）。豆腐、卵、Aを加え、さらによく混ぜる。

3 揚げ焼きにする

フライパンにサラダ油を5㎜～1㎝高さ程度入れて中火にかける（油の量が少なすぎると揚げ焼きにならず、ナゲットとは別ものになってしまうので注意）。スプーンを水でぬらし、2の肉だねを一口大分にすくい、落として焼く。

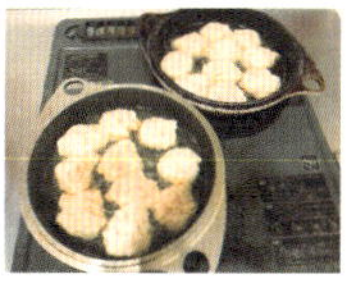

4 裏返してさらに揚げ焼きにする

周りが白くなり、焼いている面が薄いきつね色になったら裏返し、さらに3～4分焼いて火を通し、キッチンペーパーを敷いた網か大皿に取り出す（薄めのきつね色のうちに取り出し、余熱でしっかり火を通す）。粗熱がとれたら、キッチンペーパーを敷いた保存容器に入れ、冷蔵保存する。

冷凍するときは

粗熱がとれてから、1回分ずつなるべく空気が入らないようにラップで平らに包み、冷凍用保存袋に入れる。

→

スパイスのおすすめの組み合わせ

ベース （各小さじ1までOK）		追加 （合計小さじ½までOK）
にんにくのすりおろし	×	オールスパイス ナツメグ クローブ クミン 黒こしょう
ガラムマサラ ＋ にんにくのすりおろし	×	クミン ターメリック コリアンダー （粉）

親子丼の素

材料（4人分）

鶏もも肉…大1枚（350g）
鶏むね肉…1枚（200g）
　塩…小さじ1

A
- だし汁…300㎖（または水300㎖＋顆粒和風だしの素小さじ⅔）
- しょうゆ…大さじ4
- 砂糖、みりん、酒…各大さじ2

保存期間
冷蔵で **5**日
冷凍で **1**カ月

卵をとろとろの半熟に仕上げる親子丼ですが、その状態で作り置きするのは、衛生面で無理です。作り置きの場合は、卵を流し入れる手前の「素」の状態で。こうしておくと日持ちがし、ごはんと卵があれば、いつでもすぐに親子丼が作れます。鶏肉はもも肉をメインに、安価なむね肉を組み合わせるので、経済的にボリュームアップできるうえ、食感のちがいも楽しめます。もちろん、もも肉だけでもいいのですが、むね肉だけにするのはうまみが足りないので、おすすめしません。つゆ多めの仕上がりなので、かけつゆなどにもアレンジ可能です。

アレンジのヒント

- 玉ねぎや長ねぎを加えても。玉ねぎなら1個を薄切りに、長ねぎなら2本を斜め切りに。作り方**3**で、**A**と玉ねぎ（または長ねぎ）を中火で3分煮てから弱火にし、鶏肉を加え、同様に作ります。
- うどんやにゅうめんのかけつゆに。めんつゆ（3倍濃縮）大さじ1、水90㎖、親子丼の素お玉1杯分を合わせて火にかけ、うどん1玉を加えて温めます（材料は1人分）。仕上げに、カレー粉小さじ山盛り1杯と片栗粉大さじ1を水大さじ2でよく溶いたものを加え、混ぜてひと煮立ちさせると、カレーうどんに。好みで卵を割り入れて。

食べるときは

親子丼

材料（1人分）

親子丼の素…1人分（鶏肉6〜8切れ＋煮汁
お玉1杯分〈80㎖〉）
卵…2個
かためにに炊いたごはん…丼1杯分

作り方

1 フライパンに親子丼の素を入れて弱火にかけ、ゆっくりと温める（つゆだくが好みの場合は、煮汁のみをお玉2杯弱分にするとよい）。

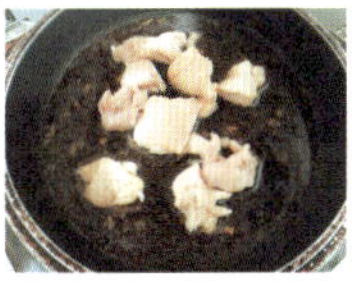

2 ボウルに卵を割り入れ、ざっくりとほぐす（混ぜすぎない）。

3 1に2の溶き卵の⅔量を、フライパンの中心から外側に向けて回し入れる。箸で卵を全体に行き渡らせ、ふたをして弱火で1分煮る。

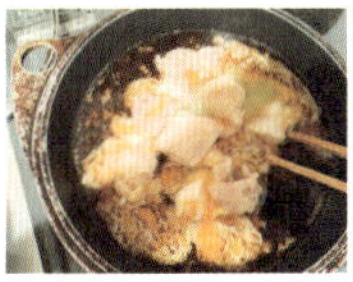

4 ふたを取り、残りの溶き卵を回し入れ、ふたをして30秒煮て、火を止める。煮汁ごとごはんにのせる。好みで4cm長さに切った三つ葉やもみのりを添えても。

作り方

1 鶏肉の下ごしらえをする

鶏肉は余分な脂や皮を取り、強い筋があれば切り取る。厚い部分に切り込みを入れ、小さめの一口大のそぎ切りにする。

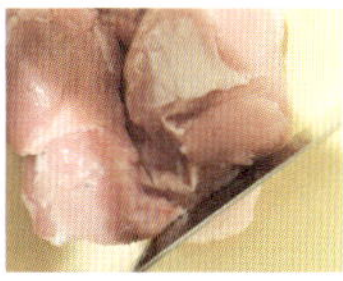

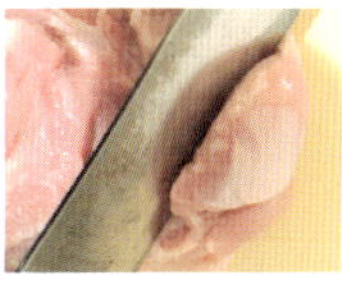

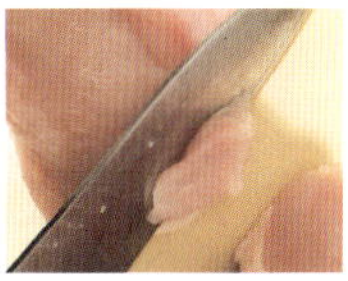

2 鶏肉に下味をつける

ポリ袋に鶏肉を入れて塩をふり、もみ込む。冷蔵庫で20分ほどおく。

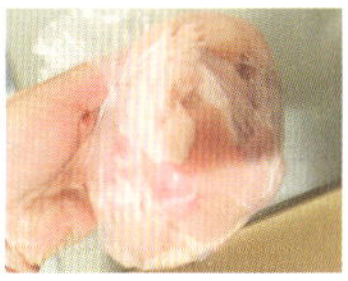

3 煮る

鍋（または厚手のフライパン）にAを入れておく（火はまだつけない）。2の鶏肉を水洗いし、キッチンペーパーで水けをふく（余分な臭みが取れる）。鍋に加え、ふたをして弱火にかけ、煮立ったらときどき裏返しながら、3〜4分煮る。鶏肉に弾力が出て、火が通ったら火を止める。急冷（P10）し、冷蔵保存する。

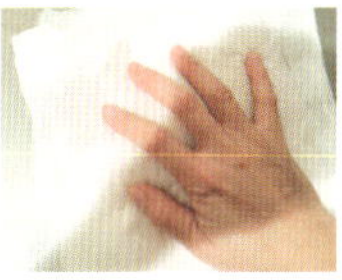

豚肉とさつまいもの甘辛炒め煮

材料（4人分）

豚こま切れ肉…100g
さつまいも…大1本（300g）

A　だし汁…50㎖（または水50㎖＋顆粒だしの素ひとつまみ）
　　しょうゆ…大さじ1
　　砂糖、みりん…各小さじ1

保存期間
冷凍で1カ月
冷蔵で5日

おかずになりづらいからと、さつまいもをふだんあまり使わない方もいらっしゃるのではないでしょうか（という私が、そうなのです）。さつまいもは、ビタミンCや食物繊維が豊富で、自然な甘みをいかせば、調味料の量をひかえめにしながら、うまみ満点のおかずにできる食材です。さつまいもに豚こま切れ肉を組み合わせてコクをプラスしつつ、ボリュームもアップさせ、和風の甘辛味に仕立てて、ごはんによく合うおかずにしました。さつまいもは竹串がスッと通るまで下ゆでするので、そのあとはフライパンでささっと調理するだけです。

アレンジのヒント

- ほかに、さやいんげん、グリーンアスパラガスを加えても。塩ゆでし、斜め切りにしてから加えるとよいです。
- 豚こま切れ肉を豚バラ薄切り肉、ベーコン（ともに3〜4㎝長さに切る）にかえてもおいしいです。ベーコンの場合は塩けがあるので、しょうゆを小さじ2に減らしてください。
- バターを加えると、コクがアップします。火を止めてから大さじ1を加えるか、食べるときにバター（1人分小さじ1）を加えて温めても。

電子レンジでさつまいもの下ごしらえをするときは

耐熱皿にぬらしたキッチンペーパー（電子レンジ使用可のもの）を敷き、軽く水けをきったさつまいもをのせ、できるだけ平らになるように包む。ラップをふんわりとかけ、電子レンジで3〜4分加熱する。さつまいもがかたい場合は、様子を見ながらさらに10〜20秒ずつ加熱し、そのまま冷ます。加熱しすぎると、パッサパサになったり、ガムみたいにかたくなるので注意。

これもおすすめ！

保存期間
冷蔵で5日
冷凍で1カ月

鶏肉とさつまいもの甘辛マヨ炒め

材料（4人分）

鶏もも肉（または鶏むね肉）…1枚（250〜300g）
　酒…小さじ1
　片栗粉…大さじ1
さつまいも…1本（250〜300g）
A｜しょうゆ、砂糖、酒…各大さじ1
　｜マヨネーズ…小さじ1
サラダ油…大さじ1

作り方

1 鶏肉は一口大に切ってポリ袋に入れ、酒を加えてよくもみ込む。片栗粉を加えて全体にまぶしつけ、口を閉じて冷蔵庫に入れておく。
2 さつまいもはよく洗い、皮付きのまま一口大に切り、たっぷりの水にさらす。
3 豚肉とさつまいもの甘辛炒め（右記）の作り方2と同様にさつまいもをゆでる（電子レンジで3〜4分加熱してもOK）。
4 Aはよく混ぜ合わせる。
5 フライパンにサラダ油を熱し、1を入れ、弱めの中火でじっくりと両面焼く。3を加えて軽く炒め、Aを加えてざっと混ぜる。ふたをして、弱火で5〜6分蒸し焼きにする（焦がさないように注意）。
6 ふたを取って炒め合わせ、汁けがなくなるまで味を全体にからめる。急冷（P10）し、冷蔵保存する。食べるときに、あれば青ねぎの小口切りを添える。

作り方

1 さつまいもを切る

さつまいもは皮付きのまま1.5cm厚さ、4cm長さの斜め輪切りにし、1.5cm幅の細切りにする。切ったらすぐ、たっぷりの水にさらす（アクが強いさつまいもは、切るとすぐに変色するのでアク抜きをする）。

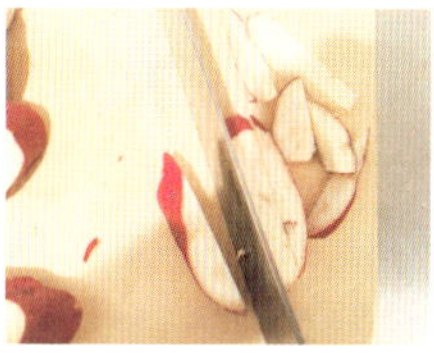

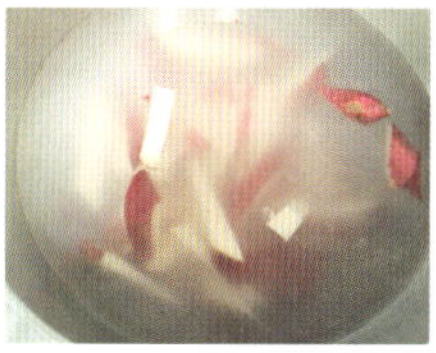

2 さつまいもを下ゆでする

さつまいもは水けをきって鍋に入れ、ひたひたの水（さつまいも全部がかぶるよりも、少し少なめ）を注ぎ、ふたをして強火にかける。沸騰したら弱めの中火にし、竹串がスッと通るまでゆでて、ざるに上げる。Aは混ぜ合わせる。

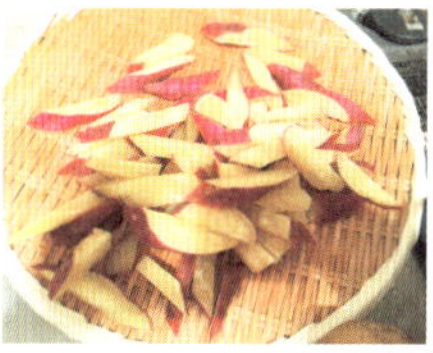

3 炒め煮にする

フライパンに豚肉を入れ、中火にかけて炒める。肉の色が白くなり、脂がにじみ出てきたら、さつまいもを加えて炒める。Aを加え、汁けがなくなるまで炒め煮にする。急冷（P10）し、冷蔵保存する。

かぶのそぼろ煮

材料（4人分）

豚ひき肉（または鶏ひき肉）…200g
かぶ…4～6個
A｜酒、しょうゆ…各大さじ2
　｜砂糖…小さじ2
だし汁…250～300mℓ（または水250～300mℓ＋顆粒和風だしの素小さじ$\frac{1}{2}$～$\frac{2}{3}$）
しょうゆ…小さじ1
片栗粉、水…各大さじ1

保存期間
冷蔵で5日
冷凍で1カ月

冬になると、旬のかぶを使う機会が多くなります。皮がやわらかいので、皮ごと煮ることができ、火も早く通るので、忙しいときにけっこう重宝します。かぶ自体に甘みがあるので、そぼろ煮にするときは、甘みのある調味料の量をひかえめにします。薄味仕立てなので、冷やしていただくのもおすすめです。でき立てもおいしいですが、翌日までねかせたほうが、より味がなじみます。しょうゆを加えるまでを調理して冷蔵保存し、食べるときにとろみをつけてもいいですよ。長く煮すぎて、かぶがやわらかくなりすぎないように注意しましょう。

アレンジのヒント

- かぶのかわりにとうがんでもおいしいです。とうがんは、皮をむいて使用しましょう。
- お弁当にもよく合います。よく冷ましてから、紙カップやアルミカップに詰めましょう。

切り落としたかぶの葉の使いみち

おひたしやふりかけ（P121）に。または、さっとゆでて水にとり、ギュッと絞って3～4cm幅に切ってから、そぼろ煮に添えてもOK。ゆでたものは、冷蔵で2日間保存可能。

これもおすすめ！

保存期間
冷蔵で
5日

かぼちゃのそぼろ煮

材料（4人分）

鶏ひき肉（または豚ひき肉）…100g
かぼちゃ…¼個
しょうが…½片
A　酒、しょうゆ…各大さじ2
　　砂糖…大さじ1
片栗粉、水…各小さじ1

作り方

1 かぼちゃは一口大（3cm角程度）に切る。しょうがは皮付きのまままみじん切りにする。
2 鍋にひき肉、A、しょうがを入れ、弱めの中火にかけ、肉の色がかわるまでほぐしながら火を通す。
3 かぼちゃを加え、水をひたひたに注いで中火にし、アクを取ってふたをし、煮立ったらふたを少しだけずらしてのせ、7〜10分煮る。
4 かぼちゃがやわらかくなり、煮汁が⅓〜半分くらいになったら（汁けが少ない場合は、水を足してひと煮立ちさせる）、片栗粉を分量の水で溶いて加え、軽く混ぜて火を止める。急冷（P10）し、冷蔵保存する。

作り方

1 かぶを切る

かぶは茎を少し残して葉を切り落とし、水洗いする（皮付きのまま煮るので、ていねいに洗う）。茎のつけ根の土は取りにくいので、水にざぶんとつけてたわしや竹串を使ってきれいに落とし、4つ割り程度（ほぼ一口大）に切る。

2 煮る

鍋にA、ひき肉を入れて中火にかけ、菜箸4〜5本などを使って、ダマにならないようにほぐしながら煮る。肉の色がかわったらかぶを加え、だし汁をひたひた（かぶの頭が少し出る程度）に注ぐ。ふたをして、中火で7〜8分煮る。途中、アクが出たら取る。

3 しょうゆを加え、とろみをつける

かぶがやわらかくなったらしょうゆを加え、ざっと混ぜる。片栗粉を分量の水で溶いて加え、ざっと混ぜて、とろみをつける。急冷（P10）し、冷蔵保存する。食べるときは、かぶの甘みと相性のいいゆずの皮を添えるのがおすすめ。

ぶりの照り焼き

材料（4～5人分）

ぶり…4～5切れ
　塩…約小さじ2
　小麦粉（または片栗粉）…約大さじ3
A 酒、しょうゆ、みりん…各大さじ2
　砂糖…大さじ1
サラダ油…大さじ1

ぶりのような青魚は、しっかりと塩をまぶしてしばらくおくことで臭みが取れ、余分な水分も抜けて、うまみがギュッと凝縮されます。この塩は、焼く前に洗って落とし、水けをしっかりとふき取りましょう。そして、小麦粉を薄くまぶしてから焼くと、ぶりのうまみが逃げず、少なめの調味料でもよくからみます。調味料を加えたあとは、気泡が大きくなった時点で、すぐに火を止めましょう。それ以上加熱すると焦げてしまい、味も濃くなってしまいます。余熱でも、充分にたれが煮詰まり、いい具合にぶりにたれがからみます。

保存期間

冷蔵で**4**日

冷凍で**1**カ月

作り方

1 ぶりの下ごしらえをする

ぶりの両面に塩をまぶしつけ（1切れあたり、塩小さじ½が目安）、冷蔵庫で30分ほどおく。水で塩を洗い落とし、キッチンペーパーでしっかりと水けをふく。小麦粉をまんべんなく薄くまぶす（つけすぎると仕上がりがべたっとなるので注意）。Aは混ぜ合わせる。

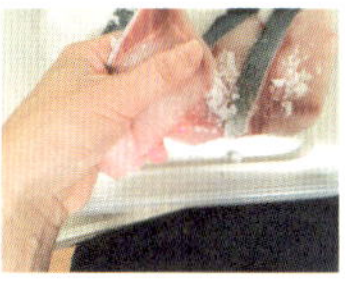
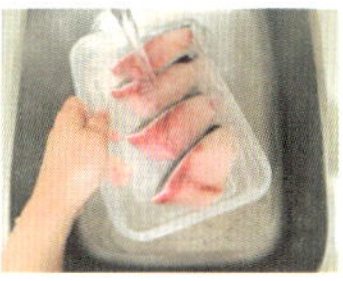
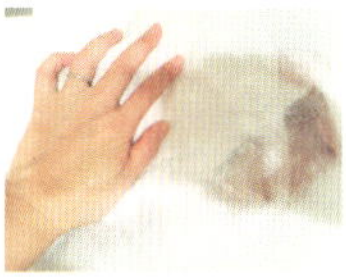

2 焼く

フライパンにサラダ油をひき、ぶりを盛るときに上になるほうを下にして入れ、中火にかける。3分ほど焼いて焼き色がついたら裏返し、同様に焼く（皮までしっかりと焼き色をつける）。

3 調味料をからめる

キッチンペーパーで油をふき取り（余分な油があると、たれがなじみにくく、臭みも出てしまう）、Aを加える。火を少し強め、ときどき裏返しながらたれをからめる。たれの気泡が大きくなってきたら、火を止める。急冷（P10）し、冷蔵保存する。

一口大で保存したいときは

お弁当のおかずやおせちに、ぶりの照り焼きを一口大にして詰めたいときは、あらかじめ一口大に切ってから調理するとよい。完成してから切ると、身がくずれてモロモロになってしまう。

→

アレンジのヒント

しょうがのせん切りとともにフライパンに入れ（照り焼きが煮詰まっている場合は、水を少し足す）、ふたをしてさっと火を通してから、身をほぐします。これを炊きたてのごはんに混ぜると、絶品の混ぜごはんになります（写真は最強飯〈P120〉に混ぜたもの）。

＼混ぜごはんに！／

さんまの梅煮

材料（4人分）

さんま…3尾
梅干し（または梅酒の梅）…1個
A　酒…200㎖
　　しょうゆ、みりん…各大さじ1＋小さじ1
　　砂糖…小さじ2

あの「さんまの缶詰」を、安価においしくたっぷりとご家庭で作れます、というレシピです。圧力鍋を使うので、さんまが骨までやわらかく食べられます。梅干しで魚の臭みを消し、水を一滴も加えず作るので、とても日持ちがよく、作り置きにもぴったりです。ここでは梅干しですが、梅酒の梅でも、同様に作れます。さんまを切って、調味料とともに圧力鍋で煮るだけと、作り方はとても簡単ですが、生の青魚を扱いますので、調理器具やキッチンがなるべく臭くならないよう、洗いものの回数が少なくてすむ段取りをご紹介しますね。

保存期間
冷蔵で1週間
冷凍で1カ月

作り方

1 梅干しをたたき、煮汁を用意する

梅干しの種を取り除き、包丁でたたく。圧力鍋にA、梅干しを入れておく。

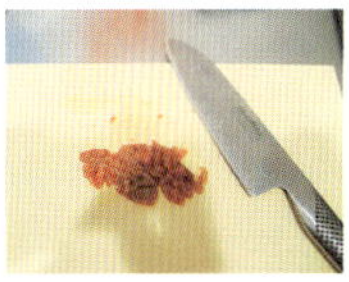

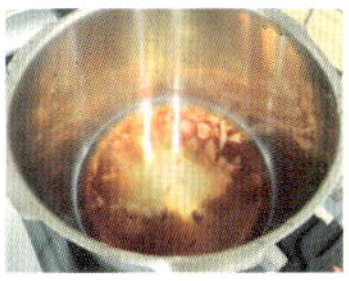

2 さんまを切る

まな板に新聞紙2枚を折りたたんで敷き、たっぷりの塩水（水200mℓあたり塩小さじ1程度）に氷を入れたボウル、ざるを用意する。さんまは頭と尾を切り落とし、6等分のぶつ切りにして、内臓を取り除く（内臓は指で押せば、するっと簡単に取り除ける）。頭、尾、内臓は新聞紙の隅に置いておき、あとでまとめて捨てる。

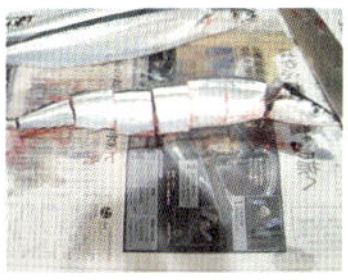

3 さんまを塩水につける

さんまは内臓を取り除いたら、2の塩水にどんどんつけていく（長く塩水につけると、せっかくの脂やうまみが抜けてしまうので注意）。表面や中を手早くよく洗い、ざるに上げる。隅に置いておいた頭や尾、内臓は新聞紙で包む。まな板は血合いなどを新聞紙でふいてからきれいに洗う。新聞紙ごとビニール袋に入れ、口をしっかりしばって捨てる。

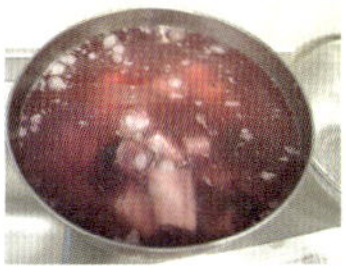

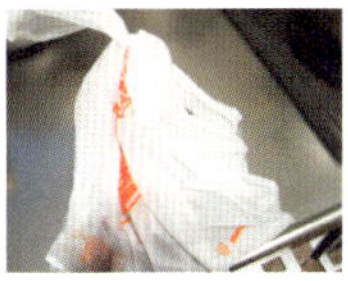

4 圧力鍋で煮る

1の圧力鍋にさんまを加える。圧力鍋を高圧にセットし、ふたをして中火にかける。圧力がかかったら、弱めの中火にし、10分加圧する。弱火にし（焦げやすいので、ここで火を弱める）、さらに10分加圧して火を止め、そのまま自然放置する。ふたを取り、粗熱がとれるまで冷まし、冷蔵保存する。

電子レンジで温めて食べるときは

電子レンジ加熱すると、さんまに多く含まれている脂や鉄分が急激に温まり、その中の空気が一気に限界まで膨張すると、爆発することも。耐熱容器に移し、必ずラップをかけてから、20〜30秒くらいずつ区切って温めるとよい。

アレンジのヒント

- さんまをいわし5尾にかえてもおいしいです。煮汁の量や作り方は、同じでOKです。
- 混ぜごはんに。温かいごはん茶碗1杯分にさんまの梅煮3切れをほぐして加え、混ぜます。器に盛り、白いりごまや刻みのりをかけて、どうぞ。

いかと里いもの煮もの

保存期間

冷凍で **1**カ月

冷蔵で **5**日

材料（4人分）

いか…2はい
里いも…約800g（大なら10〜12個、小なら16〜18個）
酒…100mℓ
だし汁…300mℓ（または水300mℓ＋顆粒和風だしの素小さじ⅔）
砂糖…小さじ2
みりん、しょうゆ…各大さじ2

いかと里いもの下ごしらえに少々手間がかかりますが、しみじみと滋味あふれるおいしさに、作ってよかったと思える和風の煮ものです。里いもは下ゆですると、皮がむきやすくなり、味もしみ込みやすくなります。いかは酒でさっとゆでて臭みをとりますが、火を通しすぎるとかたくなってしまうので、いったん取り出しておき、仕上げに加えましょう。いかをゆでた酒は、いかのうまみが移っているので煮汁として使い、里いもにそのうまみを吸わせます。作り立てよりも、一度冷ましたほうが味がしみ込んでおいしいのは、お約束ですね。

アレンジのヒント

白あえがおすすめです。具材をキッチンばさみで1㎝大に切り、豆腐であえるだけでOK。小口切りにした万能ねぎを散らすと、彩りもきれいです。

作り方

1 里いもを下ゆでする

里いもはよく洗い、上下を切り落とす。鍋に入れ、里いもがかぶるくらいの水を注ぎ、ふたをして強火にかける。沸騰したら中火にし、10分ほどゆで、ざるに上げる。

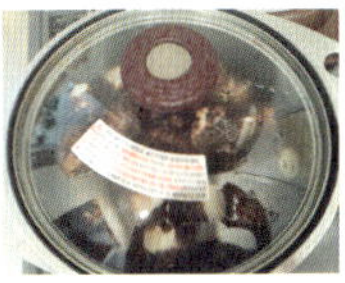

2 里いもの皮をむく

里いもが手でさわれるくらいに冷めたら、乾いた布巾やキッチンペーパーを使って、皮をむく。水洗いして汚れを落とし、ざるに上げて水けをきる。

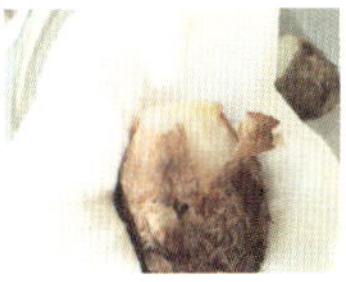

3 いかの下ごしらえをする

いかはワタごと足を引き抜き、胴は軟骨を除いて水洗いし、1cm幅の輪切りにする。足はワタと目を切り落としてくちばしの部分を取り、水洗いして水けをきる。包丁で吸盤をこそげ落とし、2本ずつに切り分ける。

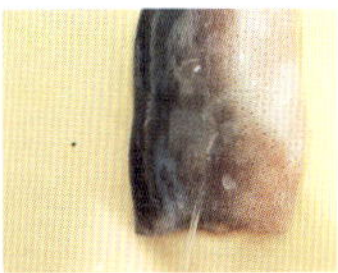

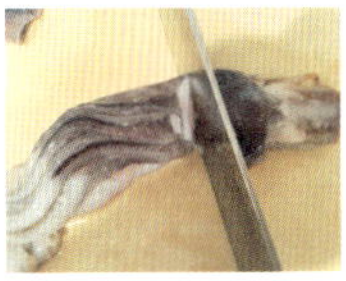

4 いかを酒でゆでる

鍋（または厚手のフライパン）に酒、いかを入れて中火にかけ、沸騰したら10数え、いかが白くなってふっくらしたら取り出す（鍋の酒は煮汁として使うので、とっておく）。

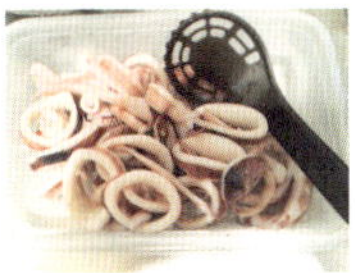

5 煮る

4の鍋にだし汁、砂糖、里いもを加えて強火にかけ、煮立ったら弱火にし、アクを取る。みりん、しょうゆを加えて落としぶた（アルミホイルなどでOK）をし、煮汁が½〜⅓になるまで、10〜15分煮る。

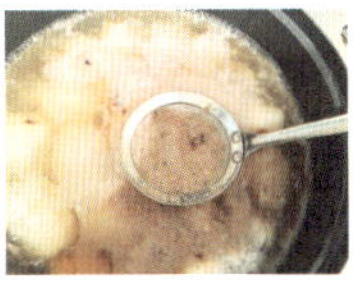

6 いかを戻し入れる

いかを戻し入れ、1〜2分ほど煮からめて火を止める。急冷（P10）し、冷蔵保存する。

ぶり大根

保存期間
冷蔵で**5**日
冷凍で**1**カ月

材料（4人分）

ぶりのあら…400〜500g
　塩…小さじ½
大根…½本
しょうが…大1片（6〜7cm大）
A　水…400mℓ
　酒…200mℓ
　しょうゆ、みりん…各大さじ3
　砂糖…大さじ1

ぶり大根は、「あら」で炊くのがおすすめです。臭みがなく、うまみと滋味たっぷりに仕上げるポイントは、下ごしらえにあります。あらに塩をしてから水洗いし、霜降りにして、さらに汚れや血合いを洗い流します。また、圧力鍋を使えば、骨までホロホロに。煮汁の酒は、沸騰する際に青魚の臭みを外へ逃がします。みりんは、青魚の臭みを消すとともに、独特のうまみと香りをつけ、あらのおいしさをよりいっそう引き立たせる役割があります。残った煮汁はコラーゲンたっぷり！　煮こごりにして、ぜひ、楽しみましょう。

アレンジのヒント

薄味仕立てなので、煮汁は煮こごりにしても美味。少し具材が残った状態で再加熱し、保存容器に移します。とろりとしたものが好みならそのまま、しっかり固める場合は、粉ゼラチン（煮汁250mℓで5gが目安）をふり入れてよく混ぜてから容器に移し、粗熱をとって冷蔵庫で冷やし固めます。そのまま食べるか、アツアツのごはんにかけて、どうぞ。

これが煮こごり

ごはんにかけて！

作り方

1 ぶりに塩をふり、水洗いする

ぶりのあらはなるべく重ならないように並べ、全体に塩をふり、10分ほどおく。水で表面の汚れや塩を洗い、ざるに上げる。

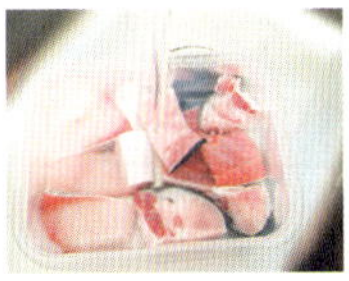

2 霜降りにする

鍋に湯を沸かし、ぶりのあらを入れ、10秒ほどしたら火を止め、穴あきお玉などで引き上げる（**これが霜降り。身がくずれやすいのでやさしく**）。すぐにたっぷりの水につけて冷まし、水の中でぬめりやうろこ、血合いなどを指でゴシゴシとこするようにしてよく洗い落とし、ざるに上げる。

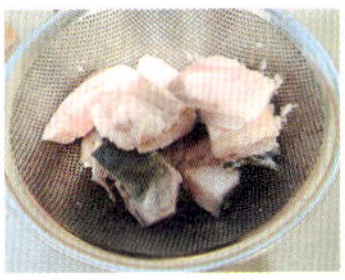

3 野菜の下ごしらえをする

大根は2〜3cm厚さの輪切りにし、皮を厚めにむき（**皮のすぐそばにある筋が舌ざわりを悪くするので、厚めに**）、半月切り（太いものは4等分）にする。しょうがはせん切りにする。

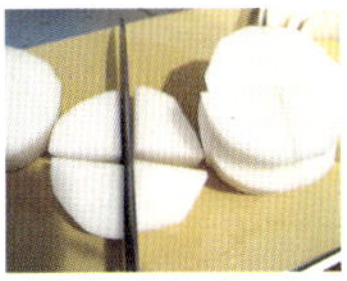

4 圧力鍋で煮る

圧力鍋にしょうが、Aを入れ、大根、ぶりのあらを加える。高圧にセットし、ふたをして中火にかける。圧力がかかったら、弱めの中火にし、7〜8分加圧する。弱火にし、さらに7〜8分加圧して火を止め、そのまま自然放置する。粗熱がとれるまで冷まし、冷蔵保存する。

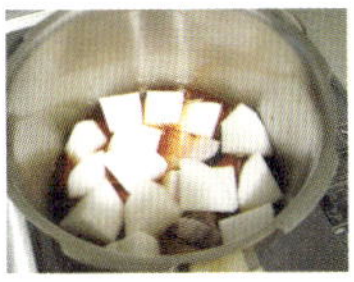

普通の鍋で煮るときは

鍋に大根を敷き、その上からあらを並べ、Aの水、酒を注いで落としぶたをして、中火にかける。煮立ったらアクを取り、15〜20分煮る。大根がやわらかくなったら砂糖を加え、鍋を揺すりながら5分ほど煮る。しょうゆ、みりんを加えて同様に5分ほど煮、落としぶたをはずし、さらに5分ほど煮る。

残った煮汁の使いみち

ざるでこしてから、冷凍可能な保存容器に流し込み（冷凍用保存袋でもOK）、冷凍保存。次回、あらを煮るときにこの煮汁を使うと、かなりおいしい仕上がりに。その場合、酒はレシピ通りの分量、水はひたひたより少なく、しょうゆ、みりん、砂糖はひかえめ（レシピの分量の$\frac{1}{4}$〜$\frac{1}{3}$程度）にするとよい。

ほうれん草のトルティーヤ

材料（4人分）

卵…4個
ほうれん草…1束（200g）
じゃがいも…3個（300g）
玉ねぎ…½個
にんにく…1片
オリーブ油…大さじ3
牛乳…大さじ2
塩…小さじ½
こしょう…2〜3ふり
プロセスチーズ（溶けないタイプ・好みで）…40g

保存期間
冷蔵で
5日

トルティーヤとは、卵液にじゃがいもを加えて丸く焼き上げた「スペインの田舎風オムレツ」のことです。今回は、ほうれん草をプラスしました。ゆでたほうれん草の水けの絞り方がゆるいと卵がうまく固まらず、仕上がりの味も決まらないので気をつけましょう。じゃがいもは、じっくりと加熱して、しっかり火を通します。竹串で刺して確認するとよいです。ひっくり返すのが少し難儀ですが、フライパンの直径よりも大きな皿をかぶせ、そのままひっくり返し、すべらせるようにフライパンに戻すのがコツです。

アレンジのヒント

- ほうれん草なしでもおいしいですし、ほうれん草のかわりにパプリカ、エリンギ、ブロッコリー、かぼちゃでも。
- そのままでもおいしいのですが、混ぜるだけのソース（次のページを参照）をかけて食べるのもおすすめです。

作り方

1 野菜の下ごしらえをする

ほうれん草は「ほうれん草のおひたし二種」(P27)の作り方1〜3を参照し、ゆでて3cm長さに切る(水けはしっかりと絞ること。)。じゃがいもと玉ねぎは4つ割りにして4〜5mm幅に切る。にんにくは薄切りにする(多少厚めでも構わない)。

2 じゃがいもと玉ねぎを蒸し焼きにする

フライパンにオリーブ油、にんにくを入れて弱めの中火にかけ、じゃがいもと玉ねぎを加えてふたをする。ときどき混ぜながら、じっくり蒸し焼きにする。

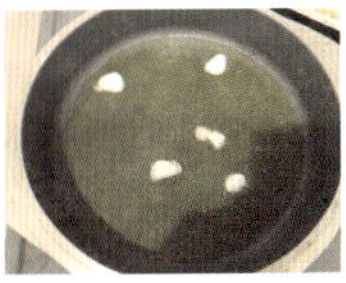

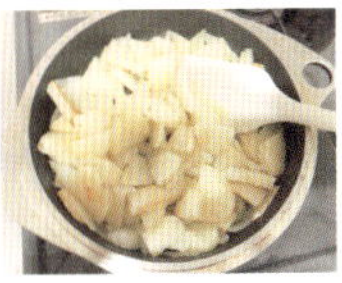

3 卵液を混ぜる

ボウルに卵を割り入れ、牛乳、塩、こしょう、ほうれん草を加えて混ぜる。チーズを入れる場合は2cm角に切って、卵液に混ぜておく。

4 卵液を加えて焼く

じゃがいもに竹串がスッと通るまでやわらかくなったら弱火にし、3を流し入れる。ふちが固まりかけてきたら、2〜3回全体をざっと混ぜ、ふたをして5〜7分、じっくりと焼く。

5 裏返してさらに焼く

ゆるい半熟状態になったらフライパンにふたや皿をかぶせ、そのままフライパンごとえいっとひっくり返し、皿からフライパンに戻す。ふたをしないで3〜4分焼き、全体が固まったら焼き上がり。粗熱がとれたら切り分け(粗熱をとってからのほうがくずれにくい)、冷蔵保存する。

おすすめの混ぜるだけのソース

トマトケチャップ2:中濃ソース1

マヨネーズ1:しょうゆ1

マヨネーズ1:トマトケチャップ1

マヨネーズ3:練りわさび1

マヨネーズ3:にんにくのすりおろし1:レモン汁1

ふわっふわのだし巻き卵

保存期間
冷蔵で
3日

冷凍で
2週間

材料(作りやすい分量)

卵(Lサイズ)…4個
薄口しょうゆ(なければしょうゆ)
…小さじ2
みりん…小さじ1
小麦粉…小さじ2
だし汁…100mℓ(または水100mℓ+
顆粒和風だしの素小さじ¼)
サラダ油…大さじ1

※小麦粉アレルギーの方は、小麦粉を片栗粉小さじ1にかえるとよい。

卵焼き器がなくても、丸いフライパンで作れるレシピです。フライパンでは卵を巻かずに、ラップと巻きすを使うズボラな作り方ですが、きれいに、ふわふわに仕上がりますよ。関西風の甘くない味つけです。卵液に少し小麦粉を加えると、だし汁が卵液にうまく閉じ込められて分離しづらくなり、よりふわふわになります。また、卵液を混ぜすぎると、ぼそぼその口当たりになってしまうので、気をつけましょう。泡立て器ではなく菜箸を使い、混ぜる時間は25秒程度、30秒以内(8を3回数える程度)がちょうどよいです。

アレンジのヒント

- 卵液にゆでたほうれん草、焼きのり、炒めた鶏ひき肉などを混ぜ込んでもおいしいです。からし明太子も合いますが、作り置きには向きませんので、ご注意ください。
- ひじきたっぷり炒り高野(P22)を混ぜ込むのもおすすめ。卵4個あたり、炒り高野大さじ山盛り1が目安です。その場合、薄口しょうゆ、みりんはいりません。

作り方

1 卵液を作る

ボウルに卵を割り入れ、薄口しょうゆ、みりんを加えて混ぜる。このとき、菜箸を2膳以上使ってボウルの底につけ、白身を断ち切るように大きく前後に動かすとよい（混ぜる時間は、25〜30秒がベスト）。別のボウルに小麦粉を入れ、だし汁を少しずつ加えながら、よく溶き混ぜる（ダマにならないように！）。これを卵液に加え、菜箸でざっと混ぜる（ここでも混ぜすぎは禁物）。

2 卵液をこし、巻きすを準備する

1をざるに通してこす（このひと手間でなめらかな口当たりに）。白身だけ残ってしまう場合は、ヘラでなでつけるようにしてこすとよい。巻きすの上に、ラップをひとまわり大きく切ってのせる（ラップは耐熱温度が140℃以上のものを使うこと）。

3 焼く

直径20cm前後のフライパンを強めの中火にかけ、サラダ油を入れてキッチンペーパーで全体にまんべんなく塗る（フライパンの隅のほうまで、しっかり全体に塗る）。卵液をざっと混ぜて（混ぜすぎ注意）から注ぎ入れ、8つほど数えたらヘラで大きく混ぜる。さらに8つ数えたら火を止め、8つ数えながら大きく混ぜる（粒が大きめの、半熟でやわらかいスクランブルエッグのイメージ）。

4 巻きすで巻く

ヘラで手早く端に寄せ（オムレツのようにきれいな形にしなくても大丈夫）、巻きすの少し手前側にのせる。手前から巻き、両端はラップを折って形を整える。

5 輪ゴムでとめ、粗熱をとる

輪ゴムで2〜3ヵ所巻いてとめる。端のラップに竹串で穴をあけ、余分な汁けと空気を逃がす。粗熱がとれたらこのまま冷蔵保存する（すぐに食べる場合は、5〜6分おいて落ちつかせてから切り分けるとよい）。切り分けてから、保存容器に入れて冷蔵保存してもOK。

冷凍保存するときは

切り分けて1個ずつラップでぴっちりと包み、冷凍用保存袋に入れて、なるべく空気を抜いて口を閉じて、冷凍する。食べるときは自然解凍か流水解凍で。または、ラップをはずして電子レンジかオーブントースターで温める。

冷凍保存について

作り置きおかずを冷凍するときは、いくつかのポイントをおさえましょう。
おいしさを損なわずに冷凍保存できますよ。

冷凍保存NGのおかず

●生野菜のサラダ

細胞がある程度こわれ、水分が出て、まるで火を通したようなフニャッとした食感になってしまいます。

●こんにゃくを使った料理

水分が抜けて中身がスッカスカになり、スポンジのような食感に変化してしまいます。

●じゃがいもを使った料理

こんにゃくと同様、食感が変わってしまいます。

●ゆで卵を使った料理

白身の部分がスッカスカに。ただし、マッシャーなどでよくつぶして、マヨネーズベースのドレッシングであえたものは、冷凍保存も可能です。サラダのトッピングなどに活用できます。

冷凍保存したおかずをおいしく食べる解凍法

冷蔵庫で自然解凍してから温める

食べる前日の晩、または当日の朝に冷蔵庫に移して自然解凍し、食べるときに電子レンジなどで温めます。急ぐ場合や、解凍がすすんでいない場合は、保存袋ごと流水をかけ、ある程度やわらかくしてから温めるといいでしょう。

グリルチキン(P42)やチキンナゲット(P44)などは、自然解凍したあと、魚焼きグリルやオーブントースターで温めると、香ばしく、カリッと仕上がる。

POINT 1 完全に冷ます

料理が温かいうちに冷凍すると、凍るまでに時間がかかるうえ、冷凍庫の温度が上がり、ほかの冷凍品を傷めてしまいます。しっかり冷ましてから保存しましょう。

POINT 2 小分けにして冷凍する

一度に使いきる量に分けて冷凍しておくと、必要な分だけ取り出せて、解凍時間も必要最小限におさえられます。1食分ずつラップで包み、冷凍用保存袋に入れましょう。

POINT 3 できるだけ空気にふれないようにする

冷凍するときに空気にふれると霜がつきやすく、雑菌も繁殖しやすいので、保存袋に入れたら、手で空気を押し出してから口を閉じましょう。

POINT 4 急速冷凍する

早く凍らせたほうがおいしさが保てます。なるべく薄い状態にし、熱伝導率のいい金属製のトレーにのせてから冷凍庫に入れるといいです。

POINT 5 再冷凍しない

解凍したものをもう一度冷凍すると、雑菌が繁殖しやすく、味もぐっと落ちてしまいます。また、冷凍した食材を使ったおかずの冷凍も避けてください。

Chapter 3

野菜の作り置きおかず

かぼちゃサラダ

材料（4人分）

かぼちゃ…½個
にんにく…2片
（または市販のチューブ小さじ2）
塩、しょうゆ…各小さじ1
マヨネーズ…大さじ2
黒こしょう…小さじ⅓

かぼちゃに下味をつけるので、マヨネーズの量はその分ひかえめです。シンプル仕上げなので、好みの具を加えて、いろいろアレンジが楽しめますよ。かぼちゃは、あまりやわらかくしすぎないよう、形がくずれない程度にゆでます。また、ゆでたあとは余分な水けをできるだけとばし、かぼちゃもつぶしすぎないほうが、かぼちゃのホクホクとした食感がいかせて、おいしく仕上がります。にんにくも一緒にゆでますが、にんにくはゆでることで苦みが消えてにおいもマイルドになり、食感がホクホクとするので、かぼちゃとの相性もいいです。

保存期間
冷蔵で5日
冷凍で1カ月

4 仕上げる

かぼちゃの⅓程度をつぶしながら、ざっくりと混ぜる。急冷（P10）し、粗熱がとれたらマヨネーズ、黒こしょうを加えてあえ、冷蔵保存する。

おすすめのプラス食材

かぼちゃだけのシンプルサラダなので、いろいろな具材をプラスしてアレンジできます。

野菜　スライス玉ねぎ／れんこん（スライスして焼いたり、ゆでる）／さつまいも（ゆでる）

たんぱく質　水煮ミックスビーンズ／水煮大豆／ゆで卵（粗みじん切り）／ベーコン（細かく切って炒める）／ハム（細かく切る）

その他　レーズン／ミックスナッツ（砕く）／プロセスチーズ／クリームチーズ

＼クリームチーズをプラス！／

＼ナッツをプラス！／

作り方

1 野菜を切る

かぼちゃは種とワタを取り、皮付きのまま4〜5㎝角に切る。にんにくは薄切りにする（多少厚めでも構わない）。

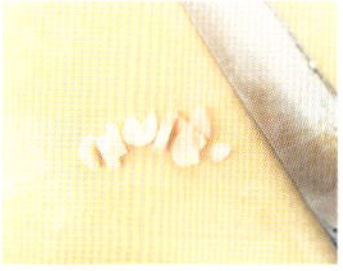

2 ゆでる

厚手のフライパンに**1**、塩を入れ、かぼちゃが半分ほど浸かるくらいの水を注ぎ、ふたをして強火にかける。沸騰したら弱火にし、かぼちゃに竹串がスッと通るまでゆでる（沸騰後、5〜6分したら、一度様子を見るとよい）。ざるに上げ、湯をきる。

3 水けをとばす

2のかぼちゃをフライパンに戻し入れ、中火にかける（にんにくはそのまま一緒に調理してよい）。1分ほど加熱し、水けがほとんどなくなったらしょうゆを加え、すぐに火を止める。

カットしたかぼちゃの保存方法

切ったかぼちゃは種とワタの部分から傷むので、種とワタをきれいにくり抜き、くり抜いた部分に乾いたキッチンペーパーを詰め、全体をラップでぴっちりと覆う。こうしておくと、冷蔵庫の野菜室で1週間ほど保存可能。

野菜たっぷりドレッシング

材料（4人分）

玉ねぎ…½個
にんじん…½本
コーン缶…1缶（固形量120g）
香味野菜の粗みじん切り（パセリ、バジル、イタリアンパセリなど）…大さじ1
塩…小さじ½
A めんつゆ（3倍濃縮）、米酢、マヨネーズ、砂糖、ごま油…各大さじ1
　レモン汁…小さじ1
※めんつゆは、2倍濃縮でもストレートタイプでもよい。分量は同じでOK。

「え？これドレッシング？」というくらい、野菜がたっぷり入っています。手作りならではのぜいたくです。ゆでた青菜とよく合い、おひたしや炒めものとはちがった味や食感を体験できます。野菜をみじん切りではなくスライスやせん切りにするのは、あえたときにまんべんなく味がからみ、野菜もたっぷりと食べられるからです。ドレッシングを青菜と混ぜてから保存すると、青菜が翌日には変色してしまうので、食べるときにあえましょう。また、ドレッシングは分離することがあるので、使う前に底から全体をよく混ぜてください。

保存期間
冷蔵で
2週間

※写真は、小松菜のドレッシングあえ（作り方は次のページを参照）。

食べるときは

ゆでたほうれん草や小松菜などにたっぷりとかけ、あえる(ドレッシングの量は、青菜と同量〜1.5倍が目安)。

おすすめの組み合わせ食材

青菜以外にも、いろいろな食材を組み合わせることで、カラフルにも、ヘルシーにも、ボリューム満点おかずサラダにもアレンジできます。

野菜　じゃがいも(ゆでる)/さつまいも(ゆでる)/パプリカ(薄切り)/ピーマン(薄切り)/レタス/きゅうり/トマト/グリーンアスパラガス(ゆでる)/ブロッコリー(ゆでる)/さやいんげん(ゆでる)/水菜/貝割れ菜

たんぱく質　ハム/かに風味かまぼこ/ゆで卵/チーズ/鶏もも肉(ゆでるor焼く)/鶏むね肉(ゆでるか蒸して、ほぐす)/豚肉(ゆでる)/ひき肉(炒める)/えび(さっとゆでる)/ツナ缶/水煮ミックスビーンズ/水煮大豆

＼レタス、ゆで卵、プチトマトで!／

＼ブロッコリーで!／

作り方

1 下ごしらえをする

玉ねぎは繊維に沿って薄切りにする。にんじんはせん切りにする(どちらもスライサーを使うとラク)。小さめのボウルに玉ねぎとにんじんを入れ、塩をふり、水けがにじみ出てくるまで手でもみ、しばらくおく(ここで、さらに水けとアクを出す)。コーンはざるに上げて缶汁をきる。

2 ドレッシングを作る

ボウルにAを入れ、よく混ぜる。香味野菜(写真はパセリ)を加えて混ぜる。

3 あえる

玉ねぎとにんじんの水けを絞り(この水分にはアクや余分な辛み、苦味が出ているので、よく絞ること)、コーンとともに**2**に加えてよくあえ、冷蔵保存する。

生レタスサラダ

材料（4人分）

レタス…1個
ベーコン…2枚（「ハーフ」の場合は4枚）
昆布…10㎝
ごま油…大さじ1
A ごま油…大さじ1
塩…小さじ½
こしょう…小さじ¼

保存期間
冷蔵で
5日

レタスが生のままおいしく、しかも簡単に作り置きできるレシピです。アレンジもきくので、レタス特価の日は、このレシピにお世話になっています。レタスは50〜55℃の湯につけておくと、保存してもシャキッとし、赤く変色しづらいので、手間でもやっておくといいです。ごま油で炒めたベーコンを炒め油ごとレタスに加えますが、さらにごま油を加えることで、風味がとばず、しっかりとコクのある味に。また、ベーコンのうまみの素「イノシン酸」と昆布の「グルタミン酸」の相乗効果で、油分、塩分がひかえめでもおいしく食べられます。

アレンジのヒント

- ごま油をオリーブ油に、塩、こしょうをハーブ入りソルトにかえてもおいしいです。
- 冷製パスタに。レタスサラダお玉1杯分、小さく切ったプチトマト、好みでツナ缶小1缶を混ぜたものに、ゆでて冷水で冷ましたカペッリーニ（そうめんみたいな細いスパゲッティ）1人分を加えてあえます。
- チャーハンの具に。仕上げに加えれば、レタスが油でコーティングされているので、シャキシャキの歯ざわりが楽しめます。

具材がえバリエーション

豚肉入り

ベーコンのかわりに豚こま切れ肉100g(豚バラ薄切り肉の場合は、3cm幅に切る)をごま油大さじ1で炒める。ちぎったレタスに炒め油ごと加え、昆布、ごま油大さじ1、塩小さじ⅔、こしょう小さじ¼を加え、あえる。

豚肉もベーコンと同様、表面がカリッとするまで揚げるように炒める。

ひき肉入り

ベーコンのかわりに合いびき肉(または豚ひき肉)100gをごま油大さじ1で炒め、ちぎったレタスに炒め油ごと加え、昆布、ごま油大さじ1、塩小さじ⅔、こしょう小さじ¼を加え、あえる。

混ぜてよくほぐしながら、カリッとするまで炒める。

作り方

1 下ごしらえをする

沸騰湯と水道水を同量混ぜた50〜55℃の湯にレタスを2〜3分つける。ざるに上げて湯をきり、手で一口大にちぎって水けをよくきる。ベーコンは1cm幅に切る。昆布はキッチンばさみで3mm幅に切る(ポリ袋の中で切ると、とび散らない)。

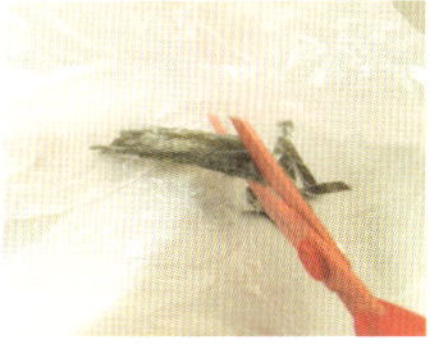

2 ベーコンを炒める

フライパンにごま油を中火で熱し、ベーコンを入れ、カリカリになるまで炒める(このとき、ごま油を少なくするとカリカリにならないので、たっぷりめのほうがよい)。

3 あえる

大きなボウル(または鍋)にレタスを入れ、昆布、**A**、**2**のベーコンを炒め油ごと加え、手でもみながら混ぜる(ベーコンのうまみと調味料をレタス全体に行き渡らせる)。味をみて、薄かったら塩、こしょうで調え、冷蔵保存する。でき立てで食べられるが、時間がたったほうが味がなじんでさらにおいしい。

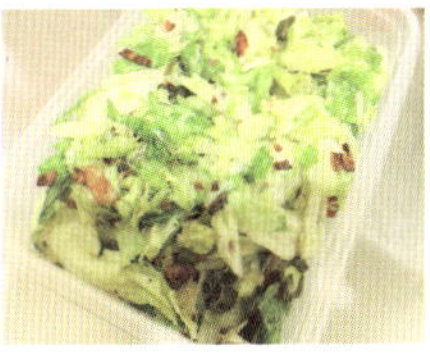

和風きのこマリネ

保存期間
冷蔵で **5**日
冷凍で **1**カ月

材料（4人分）

3種類以上のきのこ（えのきだけ、しめじ、しいたけ、マッシュルーム、エリンギ、まいたけなど）…合わせて300g
にんにくのすりおろし…1片分（または市販のチューブ小さじ1）
赤とうがらしの小口切り（好みで）…小さじ1
A 鶏ガラスープの素…小さじ1
　酢…大さじ2
　しょうゆ、みりん…各大さじ1
オリーブ油…大さじ1
酒…大さじ1
黒こしょう…約小さじ1/3

数種類のきのこを使い、ゆっくりと加熱することで、うまみを充分に引き出すのがコツです。きのこのうまみは、きのこを単独で使うよりも、数種類（できれば3種類以上！）のきのこのいろいろなうまみ成分を足すことで、相乗効果を発揮し、おいしくなります。また、きのこの味は淡泊なので、いろいろな歯ごたえや肉厚のちがいを組み合わせると、よりおいしさを感じられます。作り立てではなく、ぜひ、最低2時間以上、半日から1日ねかせてからいただきましょう。全体の味がなじんで落ちつき、おいしさがアップします。

アレンジのヒント

- このままパスタソースに。冷製パスタは、マリネ液ごとたっぷりとかければ完成。温かいパスタなら、フライパンでゆっくりとマリネを温め、ゆでたスパゲッティを加えてからめます。
- レタスやオニオンスライスの上から、マリネ液ごとたっぷりと加えてサラダに。
- 冷ややっこのトッピングにしたり、ソテーした肉や魚介類にかけてもおいしいです。

きのこQ&A

Q なぜ、きのこは水で洗わない?

A きのこは水分を含みやすいので、水洗いすると水を吸って風味が落ちます。流通しているきのこは基本的に無農薬栽培なので、汚れを気にする必要はなく、石づきを切り落とすだけで使えます。汚れが気になる場合は、かさをポンポンとたたいて内側のひだのゴミなどを落としたり、かたく絞ったふきんで表面をふきましょう。

Q なぜ、きのこは手で裂く?

A 手で裂くことで、断面がいびつになって表面積が増え、味がしみ込みやすくなるためです。エリンギやしいたけ、マッシュルームも形や大きさの不ぞろいを気にしないのであれば、ぜひ、手で裂いてみましょう。

Q なぜ、きのこにゆっくりと火を通すの?

A きのこはうまみを作る酵素とうまみをこわす酵素の両方を持っています。うまみを作る酵素は、加熱によって働き出しますが、80℃を超えるあたりで働かなくなります。それに対し、うまみをこわす酵素は、温度が60℃を超えると働かなくなります。きのこを加熱していくとうまみをこわす酵素が先に働かなくなり、70℃ではうまみを作る酵素はまだ働いているので、その温度でうまみが増えるのです。ですからレシピでは、ゆっくりと弱火で加熱することで、うまみをできるだけ増やそうとしています。

作り方

1 下ごしらえをする

えのきだけは袋の上から包丁を入れて石づきを取り（こうすると散らばらず、後片づけもラク）、長さを3等分に切り、石づきに近い部分はほぐす。エリンギは手で縦4～6等分に裂き（包丁で切ってもOK）、長い場合は、さらに長さを半分に切る。しいたけやマッシュルームは石づきを取り、2～3㎜幅に切る。しめじやまいたけは石づきを取り、手で裂いてバラバラにほぐす。Aは混ぜ合わせる。

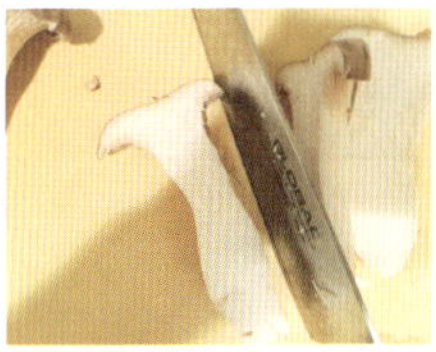

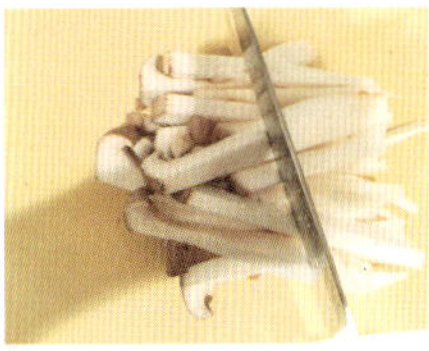

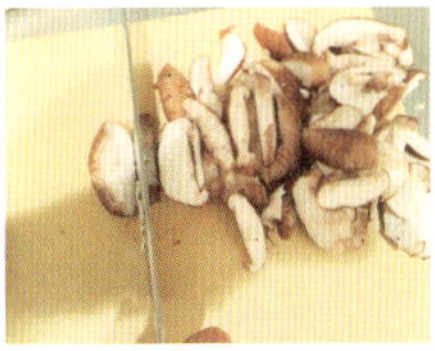

2 蒸し煮にし、調味する

深めのフライパンにオリーブ油を入れ、きのこ、にんにく、好みで赤とうがらしを加え、全体を混ぜる。酒を全体にふり入れ、ふたをして弱火にかける。5～6分したらざっと混ぜ、Aを加えて混ぜる。再び煮立ったら味をみて、薄いようなら塩で調える。黒こしょうを加えて混ぜ、火を止める。急冷（P10）し、冷蔵保存する。

サルサ・メヒカーナ &ワカモレ

サルサレシピ二種をご紹介します。「サルサ」とは、ざっくりいうと、「ソース」の意味です。材料を刻んで混ぜ合わせるだけで簡単に作れ、これをかければ、何でもメキシカンになってしまう、とても便利で魔法のようなソースです。にんにく、青とうがらし、香菜は、できるだけ細かいみじん切りにしましょう。細かくすることで、より香りが立ち、その香りが全体に行き渡るため、クセがまろやかになり、きちんと味と香りがなじんで、よりおいしく仕上がります。ソースですので、少しはっきりと塩味を感じるくらいの味つけが、ちょうどいいです。

保存期間
冷蔵で
4日

サルサ・メヒカーナ

材料（4人分）

トマト…2個
玉ねぎ…½個
ピーマン…1個
青とうがらし…1本
にんにく…1片（または市販のチューブ小さじ1）
香菜…½束
塩…小さじ½
ライム汁（なければレモン汁）…大さじ1

※にんにくは生で食べるため、胃腸の弱い方、小さいお子さんがいるなどの場合は、省いてもOK。
※青とうがらしがない場合、タバスコ（緑色の「ハラペーニョソース」がベスト）小さじ1で代用。辛いものが苦手、胃腸の弱い方、小さいお子さんがいるなどの場合は、省いてもOK。

ワカモレ

材料（4人分）

アボカド…2個
レモン汁…小さじ2
サルサ・メヒカーナ（上記）
…大さじ4

ワカモレ

1 アボカドを切ってつぶす

アボカドは包丁で縦にぐるっと切り目を入れ、半分にぱかっと割り、包丁のあご（刃の根元の部分）で種を引っかけて取る。皮を取り、レモン汁をふりかけ、マッシャーやフォークでつぶす。

2 あえる

サルサ・メヒカーナを加え、よくあえてなじませる。保存するときは、ラップをぴっちりと密着させてからふたをすると、アボカドの変色防止に。

アレンジのヒント

- タコスやタコライスなどのトッピングに、どうぞ。
- ソテーした肉（P43参照）や魚介類、オムレツにかけて。
- ぶつ切りにしたゆでだこにサルサ・メヒカーナをたっぷりとあえて。
- 角切りにしたまぐろとワカモレをあえると絶品。ほかに、えび、サーモン、ほたてもよく合います。
- ワカモレとサワークリームは相性抜群。この2つを混ぜれば、タコスはもちろん、野菜をたっぷりと添えれば、サラダとしても楽しめます。

作り方

サルサ・メヒカーナ

1 下ごしらえをする

トマトは粗みじん切りにする（1〜1.5cm角を目安に）。玉ねぎはみじん切りにする（玉ねぎの辛味が苦手なら、たっぷりの水に5分ほどさらして水けを絞る）。ピーマンはヘタと種を取り、みじん切りにする。青とうがらしはヘタを取り（種は取っても、取らなくてもOK）、にんにく、香菜とともにみじん切りにする。

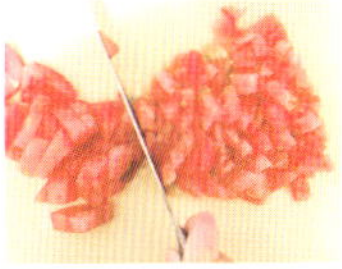
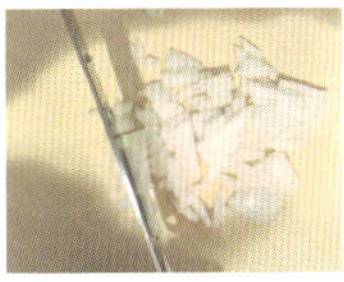

2 あえる

ボウルに1、塩、ライム汁を入れ、底からよく混ぜる。味をみて、薄いようなら塩で調え、冷蔵保存する。最低2時間以上、できれば半日〜1日ねかせると、全体の味がなじんでおいしい。

キャベツとトマトの浅漬け風サラダ

材料（4人分）

キャベツ…½個
ピーマン…2個
玉ねぎ…½個
きゅうり…1本
トマト…1個
A　塩…小さじ1
　砂糖…小さじ2
B　酢…大さじ4
　サラダ油…大さじ6（90mℓ）
　黒こしょう…小さじ⅓

保存期間
冷蔵で
5日

このレシピは火を使いませんが、多めの油と酢に漬け込むので、作り置きにしてもなんの問題もありません。ざくざくと切った生野菜を塩と砂糖でもみ込むと、野菜のカサがうんと減ります。あとは、ドレッシングのようなマリネ液に漬け込むだけです。厳しい暑さで料理なんかしたくない！なんてときにとても助かりますし、さっぱりとした味でたっぷりの野菜がいくらでも食べられるので、夏バテ防止にもなります。漬けてすぐよりも、冷蔵庫で最低2時間以上、できれば半日から1日漬け込むと、味がよくなじんでおいしいですよ。

アレンジのヒント

- 一口大にちぎったレタスやオニオンスライスにマリネ液ごとたっぷりとかけると、ボリューム満点のおいしいサラダになります。
- ソテーしたじゃがいも、肉や魚介類とも相性抜群です。サラダをマリネ液ごと添えてもいいですし、マリネ液をしっかりきって、一緒にサンドイッチの具材にするのもおすすめです。

具材のバリエーション

浅漬け風サラダのピーマンときゅうりを、ほかの野菜やくだものにかえてもおいしいです。おすすめは、以下の通りです。

パプリカ

ヘタと種を取り、縦3〜4cm幅に切る。分量は、ピーマンと同量が目安。

セロリの茎

気になるようなら筋を取り、3〜4mm幅の斜め切りにする。分量は、きゅうりと同量が目安。

ズッキーニ

ヘタを取り、3〜4mm幅の輪切りにする。分量は、きゅうりと同量が目安。

かぶ

葉を切り落とし、半分に切ってから3〜4mm幅の薄切りにする。分量は、½個を目安に。

にんじん

スライサーで薄切りにする。分量は、きゅうりと同量が目安。

グレープフルーツ

ふさから取り出し、果肉を2cm角程度に切る。分量は、½個を目安に。

りんご

くし形に切ってから芯を包丁で取り除き、スライサーで薄切りにする。分量は1個を目安に。

マリネ液のサラダ油について

サラダ油の量は減らさないほうがよい。その理由は、①漬け込み用なので、すべてを食べるわけではない②油や酢をたっぷりと使うことで保存性が高まる③サラダ油は油ぎれがいいので、さっぱりと仕上がり、キャベツの甘みやうまみを引き出す、から。油のおかげで、たっぷりの野菜がおいしく味わえる。

作り方

1 下ごしらえをする

キャベツは葉を1枚ずつはがす。芯はそぎ切りにし、葉は重ねて3〜4cm幅に切る。ピーマンはヘタと種を取り、3〜4cm角に切る。玉ねぎは繊維に直角に、7〜8mm幅の薄切りにする。きゅうりは3〜4mm幅の斜め切りにする。

2 調味料をもみ込む

大きめの丈夫な保存袋に1の野菜、**A**を入れ（ポリ袋がなければ、ボウルでもよい）、袋の口を¼ほどあけて閉じ、こねるようにしてよくもみ込む（ときどき、底をポンポンとたたき、味が行き渡るようにするとよい）。カサが⅔くらいになればOK。

3 トマトを加えて漬ける

トマトは7〜8mm幅の輪切りにし、さらに縦横に包丁を入れ、4つに切る。**2**のポリ袋を軽く絞るようにして水けを捨て、トマト、**B**を加え、袋の底をポンポンとたたいて混ぜ、空気を抜いて口を閉じ、冷蔵保存する（ボウルを使った場合は、保存容器に移す）。1日たったら保存容器に移しておくと、食べるときに取り出しやすい。

五色なます

材料（4人分）

大根…¼本
にんじん（あれば京にんじん）…½本
れんこん…小1節
干ししいたけ…4枚
油揚げ…1枚
サラダ油…大さじ1
砂糖…大さじ2½

A
米酢…90mℓ（大さじ6）
だし汁…大さじ4（または水大さじ4＋顆粒和風だしの素小さじ¼）
薄口しょうゆ（なければしょうゆ）…小さじ1
塩…小さじ¼

ゆずの皮のせん切り…大さじ½
白いりごま…大さじ1

保存期間
冷蔵で 1週間
冷凍で 1カ月

アレンジのヒント

- 魚介類ととてもよく合います。サーモン、アボカド、マヨネーズと一緒に生春巻きの皮で巻いて一口大に切ると、サラダ生春巻きのでき上がりです。
- ツナ缶70gをなますお玉1杯分とあえ、レタスを敷いた器に盛れば、サラダになります。
- ちらしずしの具材としても活用できます。酢飯2合分に粗く刻んだなますお玉1杯分を加えて混ぜます。粗く刻んだ筑前煮を同量加えると、さらにおいしいですよ。

もともと、おせち料理のなますとして作ってみたら、大好評だったのがこれです。具材を炒めてから酢であえるので、まろやかな味わい。色とりどりで飽きのこない一品です。干ししいたけは、ぜひ一昼夜かけて戻しましょう。ふっくらとし、いいだしが出ます。普段は野菜はほとんど皮をむかないのですが、おせち用には皮をむき、ていねいに作ります。このなますは、歯ごたえがおいしさの秘訣。「具材は少し厚みをもたせて切る」「三杯酢を加えたら煮すぎない」「余熱で火が通るので手早く冷ます」この3つを守れば、おいしく仕上がります。

作り方

1 下ごしらえをする①

干ししいたけは前の晩から水につけて冷蔵庫で戻す（急ぐ場合は、耐熱容器にぬるま湯、砂糖ひとつまみ、しいたけを入れてラップをかけ、電子レンジで1分ほど、様子を見ながら45℃くらいの温度まで加熱し、冷ます）。石づきを切り落とし、3〜4㎜幅に切る。

2 下ごしらえをする②

大根とにんじんは3〜4㎜幅の短冊切りにする。れんこんは3〜4㎜幅の半月切りにし、水にさらして水けをきる。鍋に湯を沸かし、油揚げを30秒ほどつけ（火は止めてもつけたままでもOK）、ざるに上げる（または、キッチンペーパーにはさんで電子レンジで30〜40秒加熱）。水けを絞り、1㎝幅に切る。

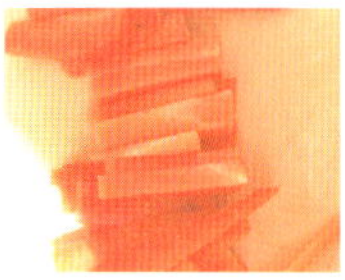

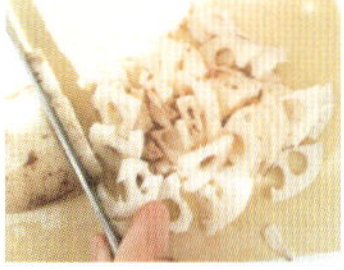

3 調味料を混ぜる

Aは混ぜ合わせる。

4 炒める

鍋にサラダ油を中火で熱し、大根、れんこんを入れて炒め、透き通ってきたらにんじん、しいたけ、油揚げを加え、全体に油がなじむ程度に炒める。砂糖を加え、野菜から水分が出てくるまで30秒ほど炒め、**A**を加え、混ぜながらひと煮立ちさせる。火を止め、急冷（P10）し、ゆずの皮と白ごまを加えて混ぜ、冷蔵保存する。

切り落としたの皮の使いみち

皮を細切りにし、キッチンペーパーを敷いたバットなどに並べ、3〜4日ほど天日干しにすれば、干し野菜として利用できる。保存袋に入れておけば、保存もできて重宝する。汁ものや浅漬けなどに使える。

干し野菜は、保存袋に入れて空気を抜いて口を閉じて冷蔵保存。冷凍保存もできる。写真は、自家製の切り干し大根。

かんきつ類は冷凍保存がおすすめ

ゆず、レモン、すだちなどは、冷凍しておくと長く保存できて、必要な分だけ使えるのが魅力。五色なますのように、皮の部分を少しだけ使うときなどに、とても便利。

保存袋に入れて、冷凍保存する。冷凍したまま、せん切りにしたり、すりおろして使える。

梅きゅうり漬け

材料（4人分）

きゅうり…2本
梅肉…大さじ1（梅干し大2個分）
砂糖…小さじ½

保存期間
冷蔵で
5日

ここ近年は、夏の暑さがきびしくなってきています。夏は、体を冷やす効果があるといわれるきゅうり、塩分とクエン酸がたっぷりの梅干しを常備しておくのが日課になっています。それらを使ったこの漬けものは、そのまま食べておいしいのはもちろん、いろいろなアレンジができるのも、うれしいポイントです。下漬けには砂糖のみを使います。梅肉をたくさん使うことから、塩をまぶさなくても、塩分は充分に足ります。そして、砂糖をまぶすことで、きゅうりの水分やアクを出すとともに、ほんのりと下味がついて、おいしくなります。

アレンジのヒント

- 斜め薄切りにしたみょうがを一緒にあえてもおいしいです。作り方**3**の梅肉を加えるタイミングで加えましょう。
- この梅きゅうり漬けを素にして、具材や調味料をプラスすることで、いろいろなアレンジが楽しめます。おすすめのアレンジは、次のページを参照してください。

3 梅肉をもみ込む

袋の上からぎゅっと絞り、出てきた水けをできるだけ捨てる。梅肉を加え、全体をもみ込み、冷蔵保存する。袋のまま保存してもよいが、保存容器に移し替えたほうが、食べるときに取り出しやすくて便利。

作り方

1 きゅうりを切る

きゅうりは5mm幅の斜め切りにする(食べやすい大きさに切ればOK)。

2 砂糖をもみ込み、下漬けする

丈夫な保存袋にきゅうり、砂糖を入れ、もみ込む。袋の空気を抜き、口を閉じて冷蔵庫で30分ほどおく。

おすすめのアレンジメニュー

きゅうりの梅かつおあえ

梅きゅうり漬け100gに節り節1パック(5g)、ごま油、白いりごま各小さじ1を加えてあえる。

きゅうりの梅オクラあえ

梅きゅうり漬け100gにオクラ10本、めんつゆ(3倍濃縮がおすすめ。2倍、ストレートでもOK)、酢各大さじ1、削り節1パック(5g)を加えてあえる。

たことぎゅうりの梅あえ

梅きゅうり漬け100gにぶつ切りにしたゆでだこ100gを加え、好みでみょうが、しょうがのせん切りをトッピング。たこは、表面に凹凸が多いほど味がからみやすいので、斜めにジグザグに切り目を入れながら切るとよい。

ささ身ときゅうりの梅あえ

耐熱皿に鶏ささ身2本をのせ、酒大さじ1をふり、ラップをかけて電子レンジで2分ほど加熱し、食べやすく裂く。梅きゅうり漬け100g、しょうゆ、ごま油各小さじ1を加えてあえる。

納豆ときゅうりの梅あえ

納豆1パックをよく混ぜ、付属のたれ½〜1袋、梅きゅうり漬け100gを加えてあえる。

※材料はすべて2人分です。

長いもの梅かつおあえ

長いも100gは皮をむき、1cm角に切る。梅きゅうり漬け100g、しょうゆ小さじ2を加えてあえる。

きゅうりの梅塩昆布あえ

梅きゅうり漬け100gに塩昆布小さじ1、白いりごま小さじ1を加えてあえる。

切り干し大根ときゅうりの梅あえ

梅きゅうり漬けは、きゅうりをせん切りにして作っておく。切り干し大根20gを水で戻したもの、梅きゅうり漬け100g、しょうゆ、酢、白いりごま各小さじ1を加えてあえる。

梅きゅうりパスタ

梅きゅうり漬けは、きゅうりをせん切りにして作っておく。スパゲッティ160gをゆでて冷水でしめ、酢、めんつゆ(3倍濃縮がおすすめ。2倍、ストレートでもOK)各大さじ2、梅きゅうり漬け100gを加えてあえる。好みで刻みのり、ちりめんじゃこ、青じそのせん切り、ねぎの小口切りをトッピング。

ツナ梅きゅうりパスタ

梅きゅうり漬けは、きゅうりをせん切りにして作っておく。スパゲッティ160gをゆでて冷水でしめ、ツナ缶1缶(80g)、オリーブ油大さじ2、しょうゆ大さじ1、梅きゅうり漬け100gを加えてあえる。

即席しば漬け

保存期間
冷蔵で
5日

材料（4人分）

きゅうり…2本
なす…1本
みょうが…2個
しょうが…1片
砂糖…小さじ1
赤梅酢…大さじ3（または 梅肉大さじ1〈梅干し大2個分〉＋酢小さじ1）
赤梅酢のしそ（あれば）…適量

※しょうがは、あれば「新しょうが」がおすすめ。分量は20gを目安に。

しば漬けは、本来は梅仕事の時期に出回る赤じそをたっぷり使い、夏野菜と塩と重ね、暑い時期に半月ほどかけてじっくりと発酵させます。タイミングと手間と時間を要する、季節限定の漬けものです。手作りするとなると、それはなかなかめんどうですし、タイミングを逃すと作ることができません。今回は、「赤梅酢」（梅干しを漬けるときに、赤じそを加えたあとにできる赤い色の酢）を使い、短時間で作る即席バージョンをご紹介します。もし、梅酢がなくても、梅肉で代用すれば作れるので、ぜひ試してみてくださいね。

アレンジのヒント

- ぶっかけそうめん、冷製パスタ、混ぜごはんがおすすめ。詳しいレシピは、次のページを参照してください。
- 温かいパスタもおすすめ。スパゲッティ80gはゆで、熱したオリーブ油大さじ1で、ちりめんじゃこ大さじ1、刻んだしば漬け大さじ1とともにさっと炒めます。
- チャーハンやちらしずしに。ごはんや酢飯に1人分あたり刻んだしば漬け大さじ1を加えます。あとの具材は、いつもの具材でOKです。

おすすめのアレンジメニュー

\ ぶっかけそうめんに！ /

ゆでたそうめん1人分にしば漬け4〜5切れをのせ、しば漬けの漬け汁大さじ1と好みの量のかけつゆをかけて。刻んだ青じそやねぎの小口切りなどをトッピングしてもおいしい。

\ 冷製パスタに！ /

スパゲッティ80gをゆでて冷水でしめ、オリーブ油、めんつゆ（3倍濃縮）各大さじ1をかけ、しば漬け大さじ2（好みで刻んでもOK）をのせ、刻んだ青じそをトッピング。大根おろしや削り節、刻みのりなどをトッピングしても。

\ 混ぜごはんに！ /

ごはん茶碗1杯分に刻んだしば漬け大さじ1を混ぜ込む。好みで、ゆで枝豆2さや（5〜6粒）も加えると、見た目も華やかに。おにぎりにもどうぞ。

作り方

1 野菜を切る

きゅうりは5㎜幅の斜め切りにする。なすはヘタを取り、縦半分に切ってから5㎜幅の斜め切りにする。みょうがは縦薄切りにする。しょうがはせん切りにする。

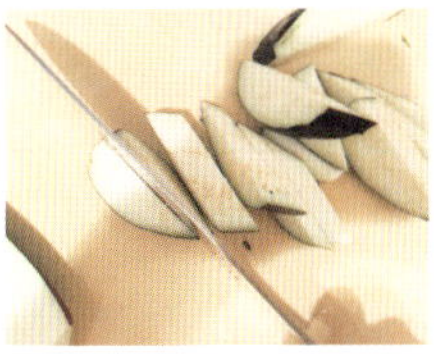

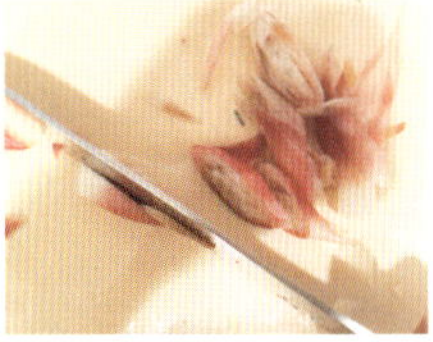

2 下漬けする

丈夫な保存袋に1、砂糖を入れ、もみ込む。空気を抜いて口を閉じ、冷蔵庫で30分〜半日（6時間）おく（下漬けは最低30分、最長6時間を目安にする。ボウルで下漬けする場合は、もみ込んだあと、ラップで表面を覆ってから保存する）。

3 漬ける

袋の上からぎゅっと絞り、出てきた水けをできるだけ捨てる。赤梅酢、あれば赤梅酢のしそを加え、空気を抜いて口を閉じ、冷蔵庫で30分以上漬け込む。袋のまま保存してもよいが、保存容器に移し替えたほうが、食べるときに取り出しやすくて便利。

おから野菜マヨみそサラダ

おからは味が単調になりがちな食材ですが、このサラダはだし汁をベースに、みそとマヨネーズ、少しの酢で味つけするので、あっさりなのに、とてもコクのあるおいしさです。おからをしっかりとから炒りし、粗熱がとれてから具材や調味料と混ぜ、消毒した保存容器で保存することで、日持ちします。

保存期間
冷蔵で
4日

材料（4人分）

生おから…150g
にんじん…½本
きゅうり…1本
玉ねぎ…½個
コーン缶…1缶（固形量120g）
塩…小さじ¼
だし汁…80〜110mℓ（または水80〜110mℓ＋顆粒和風だしの素小さじ¼）
A みそ、マヨネーズ…各大さじ1
　米酢…小さじ2
　しょうゆ…小さじ½
　こしょう…2〜3ふり

作り方

1 おからをから炒りする

フライパンに油をひかずに、おからを入れて中火にかけ、鍋肌から混ぜる（**焦がさないように注意**）。7〜8分して、おからがパラパラ、サラサラの状態になり、手でさわってみると、熱さを感じる程度になったら火を止め、冷ます（フッ素樹脂加工ではないフライパンの場合は、サラダ油小さじ1をひいて、から炒りする）。

2 下ごしらえをする

にんじん、きゅうり、玉ねぎはスライサーで薄切りにし、合わせて塩をふってもみ、しんなりさせ、水けを絞る（**半調理の状態で保存する場合は、この時点で冷蔵保存すればOK**）。コーンは缶汁をきる。

3 あえる

ボウルにだし汁80mℓ、**A**を入れ、よく混ぜる（**みそがダマにならないよう、しっかりと溶いておく**）。**2**の野菜をもう一度水けを絞ってから加え、コーン、おからも加え、そのつどよく混ぜる。パサつくようであれば、だし汁を大さじ1ずつ加えながら、なめらかさを調整し（**半日ほどするとしっとりしてくるので、ほんの少しパサついた状態で仕上げるとよい**）、冷蔵保存する。

アレンジのヒント

- 肉料理のつけ合わせに。
- バゲットに、チーズといっしょにはさんでもおいしいです。

ゴーヤのサラダ

ゴーヤは、この下ごしらえの方法なら苦みがおさえられ、歯ごたえもシャキシャキです。また、たっぷりの削り節とすりごまが、苦みをカバーするお助け役になってくれます。ゴーヤのワタは、ほとんど苦味がなく、栄養素もたっぷり含まれているため、私はいつも取らずに調理しています。

保存期間
冷蔵で
5日

材料（3～4人分）

ゴーヤ…1本
玉ねぎ…小1個（大きいものなら½個）

A
- 塩…小さじ1
- 砂糖…小さじ2

B
- マヨネーズ…大さじ1½
- しょうゆ…小さじ½
- 顆粒和風だしの素…小さじ1
- 白すりごま…大さじ1
- 削り節…2パック（10g）

※マヨネーズが苦手な場合は、オリーブ油大さじ1で代用する。

作り方

1 ゴーヤを下ごしらえする

ゴーヤはよく洗い、両端を切り落とし、長いものは長さを半分に切る。縦半分に切り、手かスプーンでなでるようにして種を除き、2㎜幅の薄切りにする。ボウルに入れ、Aを加えてよくもみ込み、全体に味を行き渡らせる。このまま10分ほどおく。この間に、鍋にたっぷりの湯（1～1.5ℓ）を沸かし、氷水の入ったボウルとざるを用意しておく。

2 ゆでる

沸騰湯にゴーヤを入れ、10秒ほど数えたら、すぐにざるに上げる。氷水にさらし、粗熱をとる（氷水にさらすのは、3分程度まで。それ以上さらすと水っぽい仕上がりになり、栄養分も抜けてしまう）。ざるに上げ、水けをギュッと絞る。

3 玉ねぎをスライスし、あえる

玉ねぎはスライサーで薄切りにし、水に2～3分さらしてざるに上げ、水けをしっかり絞る。ボウルにBを入れてよく混ぜ、ゴーヤ、玉ねぎを加えてあえ、冷蔵保存する。

アレンジのヒント

削り節をツナ缶小1缶（80g）にかえても。その場合はレモン汁小さじ1を加えるといいです。

ほうれん草のツナごまあえ

ほうれん草のおひたしやごまあえが苦手な方にも、ツナとあえたマイルドで甘辛い味つけが好評のサラダです。ツナは、ぜひ缶汁も加えましょう。コクとうまみがふんだんに加わり、とてもおいしくなります。ツナには塩けがあるため、その分、調味料は香りづけ程度に量をひかえるのがポイントです。

保存期間
冷凍で **1**カ月
冷蔵で **5**日

材料(4人分)

ほうれん草…1束(200g)
ツナ缶(油漬けタイプ)
…小1缶(80g)
A 白いりごま…大さじ1
しょうゆ、砂糖…各小さじ1
しょうがのすりおろし…¼片分
(または市販のチューブ2㎝)

作り方

1 ほうれん草をゆでて切る

ほうれん草は「ほうれん草のおひたし二種」(P27)の作り方**1**～**3**を参照し、ゆでて3～4㎝長さに切る(水けはしっかりと絞ること)。

2 あえ衣を作る

ボウルにツナを缶汁ごと入れ、**A**を加えてよく混ぜる。

3 あえる

ほうれん草の水けをもう一度絞ってから**2**に加え、よくあえて冷蔵保存する。

アレンジのヒント

- ほうれん草のかわりに小松菜や菜の花でもおいしいです。
- 溶きほぐした卵に加えてよく混ぜ、耐熱容器に入れて200℃のオーブンで焼くと、簡単キッシュに。
- 混ぜごはんやおにぎりの具にするのもおすすめです。

もやしとわかめのナムル

もやしは傷みやすいので、買ってきたらすぐに調理し、常備菜として保存するのがおすすめです。このナムルは、スープやラーメンの具にアレンジしても、おいしいんですよ。ごま油の量がひかえめですが、すりごま、にんにく、鶏ガラスープの素を加えることで、コク満点の仕上がりになります。

保存期間
冷蔵で **5** 日

材料（4人分）

もやし…1袋（200g）
乾燥わかめ…大さじ2

A
- ごま油…大さじ1
- 鶏ガラスープの素…小さじ1
- 塩…小さじ¼
- にんにくのすりおろし…1片分（または市販のチューブ小さじ½〜1）

白すりごま…大さじ1

作り方

1 もやしをゆでる

鍋にもやし、水200mℓを入れ、ふたをして強火にかける。沸騰して湯気が出たら火を止め、ざるに上げる（水からゆで、余熱で火を通すことで、日がたってもシャキシャキの歯ざわりをキープできる）。

2 わかめを戻す

ボウルにたっぷりの水を用意し、わかめを入れて5分ほどおいて戻す（長く水につけすぎると、色が悪くなるので注意）。ざるに上げ、水けをきる。

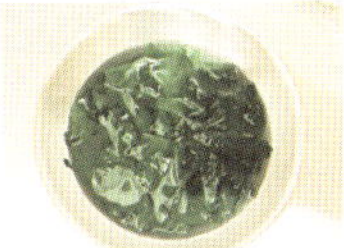

3 あえる

ボウルにAを入れてよく混ぜ、もやしとわかめを、水けをさらによくきってから加え、あえる。味をみて、薄いようなら塩で調える。すりごまを加えて混ぜ、冷蔵保存する。

アレンジのヒント

- ラーメンにたっぷりとのせて、どうぞ。
- ラーメンのスープにもなる簡単スープ（1人分）は、小鍋に水200mℓ、中華スープの素、オイスターソース、にんにくのすりおろし各小さじ½、塩、こしょう各少々を入れて火にかけます。煮立ったらナムルを好みの量加え、再度煮立ったら塩で味を調えます。

水菜と大根の梅サラダ

秋

冬においしく出回る水菜や大根を使い、味つけは梅を基本に、さっぱりおいしいサラダに仕上げました。作り方はとても簡単ですが、唯一のコツといえば、野菜の水けをよくきってから、ドレッシングとあえることです。水けが多いままですと、水っぽい仕上がりになってしまいます。

保存期間
冷蔵で
5日

材料（4人分）

水菜…1袋
大根（葉に近い部分）…⅓本
梅干し…3個
A 米酢（あれば梅酢）…大さじ2
しょうゆ、ごま油…各大さじ1
砂糖…小さじ1
白いりごま…大さじ1

作り方

1 野菜を切る

大根は4～5㎝長さに切ってから1㎝幅の板状に切る。さらに2㎝幅に切り（これを「短冊切り」という）、たっぷりの水にさらす。水菜は4～5㎝長さにざくざく切り、葉と茎の部分に分け、それぞれたっぷりの水にさらす。

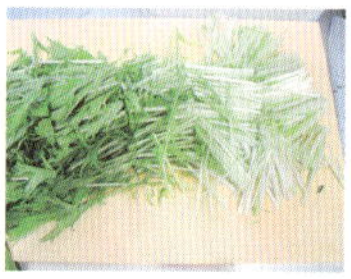

2 ドレッシングを作る

梅干しは種を除き、包丁でたたく。ボウルにAを入れて混ぜ、梅干しを加えてさらに混ぜる。

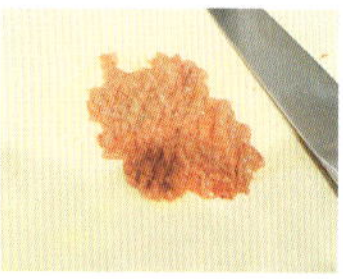

3 あえる

1の大根と水菜の茎の部分の水けをしっかりときり、2に加えてよくあえる（カサがあるので、手であえるとラク）。水菜の葉の部分の水けをよくきって加え、さらにあえて冷蔵保存する。食べるときに刻みのりや削り節をかける。

きゅうりの豆板醤漬け

豆板醤の辛みとごま油の香りが決め手の漬けものです。きゅうりを塩でよくもんできゅうり自体の水分を出し、その水分をしっかりと絞ることで、味がよくしみ込みます。10日ほど日持ちしますが、味が濃くなりすぎるのが気になる場合は、3〜4日したら漬け汁を捨てて保存するといいでしょう。

保存期間
冷蔵で
10日

材料（4人分）

きゅうり…4〜5本（400g）
塩…小さじ1
A 豆板醤…小さじ2
しょうゆ、酢…各大さじ1
ごま油…小さじ2

※辛いものが好みの場合は、豆板醤の量を大さじ1までを目安に増やしてもOK。その場合、しょうゆは小さじ2に減らす。

作り方

1 きゅうりを切って塩もみする

きゅうりは5㎜幅の斜め切りにする（食べやすい大きさに切ればOK）。大きめのボウル（なければ大鍋）に入れ、塩をふってよくもみ込み、20分ほどおく。

2 きゅうりを水洗いする

たっぷりの流水で、塩分をよく洗い落とし、ざるに上げて水けをきり、さらに水けを絞る（水けを絞ることで味がよくしみ込む。また、余分な水分が入り込まないので、日持ちする）。

3 漬ける

丈夫な保存袋にA、きゅうりを入れて軽くもみ、冷蔵庫で保存する。6時間後くらいからが食べごろ。ある程度漬けたら保存容器に移しておくと、食べるときに取り出しやすい。

アレンジのヒント

きゅうりのほかにも、大根や白菜、にんじん、切り干し大根、ゆでだこなどを漬けてもおいしいです。

若竹煮

材料（4人分）

たけのこ（生・皮つき）
…中1〜2本（700〜800g）
米ぬか…約½カップ
赤とうがらし…1〜2本
塩蔵わかめ
…80g（または乾燥わかめ7g）
削りがつお…20g

A
昆布…10㎝
だし汁（かつおだし）…500〜600㎖
（具材がひたひたにかぶる程度・または水500〜600㎖＋顆粒和風だしの素山盛り小さじ1〜）
酒…150㎖
みりん、薄口しょうゆ（なければしょうゆ）
…各大さじ1
塩…小さじ½

※たけのこを圧力鍋でゆでるとき、蒸気ノズルの詰まりが心配な場合は、水を米のとぎ汁にするとよい。

保存期間
冷蔵で **1** 週間
冷凍で **1** カ月

たけのこのアク抜きの方法からご紹介します。ゆでたけのこは、すぐに使わない場合は、ゆで汁ごと冷蔵保存しておくと、少しうまみが逃げますが、1週間ほど日持ちします。2日以上保存する場合は、毎日水をかえましょう。昆布とだし汁、さらに追いがつおという、ぜいたくなだしの使い方をするので、うまみはたっぷり！　薄味で上品な味わいです。わかめは、翌日には色が悪くなりますが、おいしさは変わりません。きれいな色合いを楽しむ場合は、わかめを入れずに作って保存し、食べるときに下ごしらえしたわかめを加え、温めます。

アレンジのヒント

- 天ぷらにするときは、マヨネーズ大さじ1に冷水75㎖を少しずつ溶き、小麦粉50gを加えて衣を作り（衣は2人分）、若竹煮をくぐらせ、160〜170℃の揚げ油でさっと揚げます。
- ゆでたけのこは、煮ものや炊き込みごはん、酢豚、八宝菜、チンジャオロース、ギョウザ、タイ風カレーなど、いろいろな料理に使えて便利です。

作り方

1 たけのこの下ごしらえをする

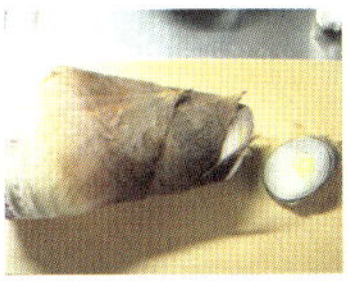

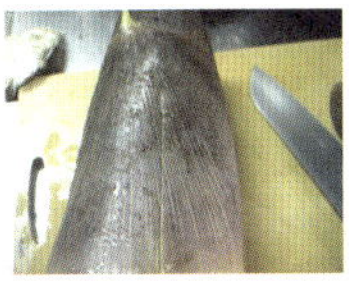

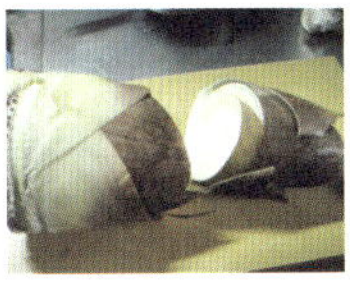

たけのこは先端3〜5㎝を斜めに切り落とす（この部分は食べられない。たけのこによって、かなり力がいるので、しっかりと押さえてよく切れる包丁を使う）。実まで到達しないように皮に垂直に切り目を入れ（アクがよく抜け、ゆでたあと皮がむきやすくなる）、皮を2〜3枚むいておく（皮は全部むくと、ゆでたときにうまみが逃げてしまう）。このまま、鍋に入らない場合は、2〜3等分に切る（根元と穂先くらいで切り分けると、あとの作業もしやすい）。

2 たけのこをゆでる

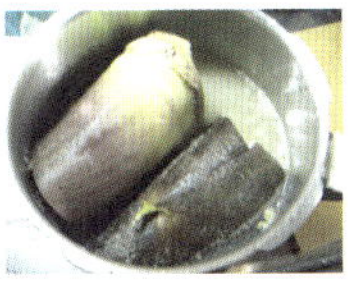

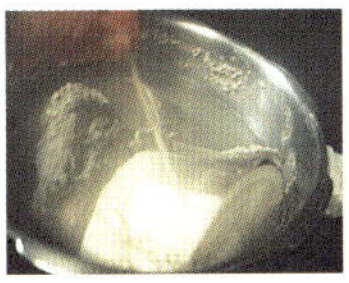

圧力鍋にたけのこ、米ぬか、赤とうがらしを入れ、たけのこが半分ほど浸かる量の水を注ぎ（たけのこが大きい場合は、2/3ほどかぶるくらい）、高圧にセットし、ふたをして中火にかける。圧力がかかったら3分（たけのこが大きい場合は5分）加圧して火を止め、そのまま自然放置する。圧力が抜けたら竹串を刺してみて、スッと通ればOK。

3 たけのことわかめを切る

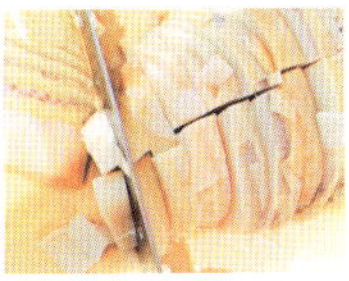

たけのこが冷めたら皮をむき、根元と穂先に分け、それぞれを四つ割りにする。根元に近い部分は5〜7㎜幅の薄切りにする。わかめはたっぷりの水につけて塩出しをし、3〜4㎝幅に切り、熱湯をかけて色出しし、湯をきる（乾燥わかめの場合も、水で戻してから熱湯でさっとゆでると、より色鮮やかになる）。削りがつおはガーゼで包み（お茶パックに入れてもOK）、口をしっかりとしばる。

4 煮る

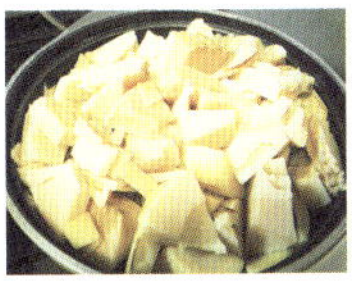

鍋にたけのこ、**A**を入れて中火にかけ、煮立ってきたら、**3**の削りがつおを加え（これを「追いがつお」という）、弱火で1〜2分煮る。昆布と削りがつおを取り出し、わかめを加え、軽く煮立たせる。急冷（P10）し、冷蔵保存する。

普通の鍋でたけのこをゆでるときは

鍋にたけのこ、米ぬか、赤とうがらしを入れ、水をたけのこが完全にかぶるまでたっぷりと注ぎ、2時間ほど（大きなものなら3時間ほど）ゆでる。火を止める前に、竹串を刺してやわらかさを確認する。

冷凍保存するときは

作り方**4**のわかめを加える前の状態で冷凍保存する。粗熱がとれてから、1回分ずつ冷凍用保存袋に煮汁ごと入れ、空気を抜いて平らにして口を閉じ、冷凍庫へ。食べるときは、冷蔵庫に移すなどしてある程度解凍してから、鍋でひと煮立ちさせる。

ふきの炊いたん

材料（4人分）

ふき（葉つき）…約80㎝長さのもの1束（約5本）
塩…ひとつかみ（大さじ2〜3）

A
- だし汁…200㎖（または水200㎖＋顆粒和風だしの素小さじ½）
- 酒、みりん…各大さじ1
- 薄口しょうゆ…小さじ⅓
- 塩…少々

※薄口しょうゆがない場合は、しょうゆを2〜3滴（色づけ程度）、塩少々で代用する。

保存期間
冷蔵で
5日

ふきは、下ごしらえが少しめんどうかもしれませんが、香りのよさとほろ苦い風味が魅力の食材です。塩で板ずりをしたあと、一度ゆでこぼしてから、再度さっとゆでて水にさらすことで、短時間でしっかりとアク抜きができます。皮をむくときは、はじめにペティナイフを使うと、おもしろいようにスーッときれいにむけます。煮たあとは、ふきと煮汁をそれぞれ別々に冷まし、そのあとに再度合わせて味をしみ込ませます。こうすると、ふきに火が通りすぎることなく、仕上がりの色合いもきれいなまま、保存できます。

アレンジのヒント

- 調味料を加えて煮るときに、一緒にたけのこ、高野豆腐、厚揚げなどを加えると、味、彩りとも、とてもよい煮ものになります。また、別々に煮て、炊き合わせとして盛りつけても。
- ふきを小口切りにしてごはんに混ぜると、やさしい味と香りがなんともいえないおいしい混ぜごはんになります。

作り方

1 ふきの下ごしらえをする

ふきの葉を切り落とし、フライパン（または広口の鍋）にちょうど入る長さに切りそろえる（短く切ると、皮をむくときの手間がかかってしまう）。まな板の上にふきを並べて塩をふり、手で軽く押さえ、手の位置を変えながら少しずつ上下に動かす（これが「板ずり」）。

2 ふきをゆでる（1回目）

ふきを塩がついたままフライパンに入れ、ふきが完全にかぶるくらいの水を注ぎ、ふたをして強火にかける。沸騰したらすぐに火を止め、ざるに上げて湯をきる（湯が茶色くなるが、これがアク）。

3 ふきをゆでる（2回目）

フライパンを洗ってふきを戻し入れ、ふきが半分ほど浸かるくらいの水を注ぎ、ふたをして強火にかける。ここで、氷水を入れたボウルを用意する。沸騰したら弱火にし、1分30秒〜2分ゆでたら細いふきを氷水に入れ、さらに1分30秒〜2分ゆでて火を止め、太いふきを氷水に入れる（太さによって、ゆで時間を調節するとよい）。

4 ふきの皮をむく

ふきの端から少しずつ、ペティナイフを使って皮と筋を3〜4cm長さほどむく。その皮をまとめて指でつかみ、一気に引き下ろしてむき、水にさらす。

※水につけた状態で、4〜5日冷蔵保存できる。その場合、毎日水をとりかえること。

5 ふきを切る

ふきは水けをきり、3〜4cm長さに切る。ここでまた、氷水を入れたボウルと、あとで煮汁を入れるボウルを用意する（氷水を入れたボウルは、煮汁を入れるボウルよりも小さめのボウルにする）。

6 煮る

鍋（またはフライパン）にAを入れて中火にかけ、煮立ったらふきを加えてまんべんなく平らにし、弱めの中火で煮る。ひと煮立ちしたらひと呼吸おいて火を止め、ふきを煮汁をきって保存容器に入れる。残った煮汁は5のボウルに入れ、氷水を入れたボウルの上において冷ます。ふきはうちわなどであおいで急冷する。

7 ふきと煮汁を合わせる

ふきが入った容器に煮汁を注ぎ入れ（注ぐ前に、ボウルの底についた水滴が入らないよう、底を布巾でふいておく）、冷蔵保存する。30分以上ねかせると、味がなじむ。食べるときに、削り節をかけたり、木の芽を添える。

やわらか鶏ごぼう

材料（4人分）

ごぼう…小2本
にんじん…½本
鶏むね肉（またはもも肉）…1枚（250〜300g）
こんにゃく…1枚
A　片栗粉…大さじ1
　　酒、しょうゆ…各小さじ1
サラダ油…小さじ2
B　だし汁…200㎖（または水200㎖＋
　　　顆粒和風だしの素小さじ½）
　　みりん…大さじ2
　　酒、砂糖…各大さじ1
しょうゆ…大さじ2

保存期間
冷蔵で
1週間

鶏むね肉をやわらかく、おいしく仕上げるコツは、鶏肉を下味に漬け込んでから焼いていったん取り出し、根菜に火が通ってから戻し入れることです。鶏肉を焼いた油で根菜を炒めると、肉のうまみがしっかりと根菜に行き渡り、強めの火力でガーッと煮ることで、味がしみ込みやすく、そして、手早く仕上がります。しょうゆを仕上げに加えるのも大事なポイントです。具材に味が入りやすく、しょうゆの香りを充分にいかせます。今回はこんにゃくを手綱にしていますが、時間がなければ、スプーンなどで一口大にちぎるだけでもいいですよ。

アレンジのヒント

さやいんげんや絹さやを塩ゆでにし、水にさらして色止めしたものを用意しておきます。鶏ごぼうを器に盛ってからあしらうと、彩りのいい一品に。

作り方

1 鶏肉の下ごしらえをする

鶏肉は一口大のそぎ切りにする。ポリ袋に入れ、**A**を加えてもみ込む。

※翌日に調理する場合や、朝に仕込んで夜に調理する場合は、この状態で冷蔵保存しておける。

2 野菜の下ごしらえをする

ごぼうは水洗いし(スポンジのかたい部分やたわし、アルミホイルなどを使い、泥を落とす。皮はむかない)、1cm幅の斜め切りにして水にさらす。にんじんは一口大の乱切りにする。

3 手綱こんにゃくにし、下ゆでする

こんにゃくは2〜3mm幅に切り、端を残して真ん中に切り目を入れる。この切り目に片側を押し込んで通すと、ねじれて手綱こんにゃくになる。ボウルに入れ、塩小さじ1(分量外)をふって軽くもみ、熱湯で5分ほどゆで、ざるに上げる。

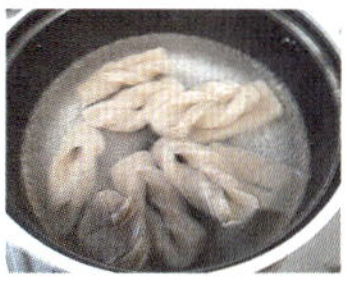

4 鶏肉を焼く

鍋にサラダ油を弱めの中火で熱し、鶏肉を入れ、両面に薄い焼き色がつくまで焼き(ここでは、中まで完全に火が通らなくてもOK)、取り出す。

5 炒り煮にする

4の鍋(洗わない)に水けをきったごぼう、にんじん、こんにゃくを入れて強めの中火にかけ、2分ほど炒める。**B**を加え、ごぼうやにんじんがやわらかくなるまで煮る。しょうゆを加え、ひと煮立ちして全体がほんのりと茶色に色づいたら、**4**の鶏肉を戻し入れ、煮汁が少なくなるまで混ぜながら炒り煮にする。 急冷(P10)し、冷蔵保存する。

具材の切り方を変えたときのアレンジ

材料をすべて2cm角程度(ごぼうはささがきでもOK)に切りそろえ、同じ手順で作ると、アレンジの幅がぐんと広がります。

混ぜごはん

少しかために炊いたごはん2合分に、煮汁ごとたっぷりと鶏ごぼう全量をのせ、ふたをして3分ほど蒸らしてから混ぜ込むと、具だくさん鶏ごぼうごはんのでき上がりです。

卵焼き

卵2個あたり、鶏ごぼう約大さじ2を煮汁ごと卵液に混ぜ込むか、芯にして、焼き上げます。

炒り豆腐

フライパンに鶏ごぼう半量、木綿豆腐1丁(300g)を水きりしたものをくずしながら入れ、火にかけてポロポロに炒め、溶き卵1個分を加え、さらに炒めます。好みで、仕上げにねぎの小口切り、塩ゆでしてせん切りにした絹さやなどをあしらってもOK。

揚げない大学いも

この大学いもは、さつまいもを酒蒸しにして甘みを充分に引き出し、砂糖は加えず、ひかえめのしょうゆ、みりん、ごま油で調味するので、ほんのりと甘じょっぱく、ごはんにもお酒にもよく合う仕上がりです。油で揚げないので、ふつうの大学いもに比べて、ぐんとヘルシーなのもお気に入りです。

保存期間
冷凍で 1カ月
冷蔵で 5日

材料（4人分）

さつまいも…中2本（約350g）
A｜酒、水…各大さじ2
ごま油…小さじ1
B｜しょうゆ、みりん…各大さじ1
　｜黒ごま…小さじ1

作り方

1 さつまいもを切る

さつまいもをは皮付きのまま一口大の乱切りにする（さつまいもを回しながら切り、形は不ぞろいでも、できるだけ大きさをそろえる。親指と人さし指で「OK」の形を作った中に入るくらいの大きさにする）。

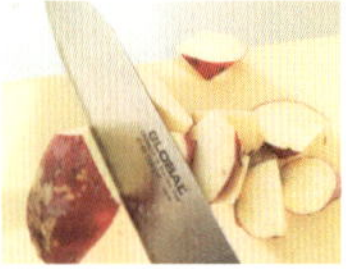

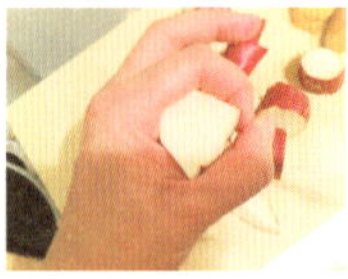

2 酒蒸しにする

フライパンにさつまいもを並べ、**A**を加えてふたをし、弱火にかける。1〜2分して煮立ってきたら、焦がさないように気をつけながら、そのまま8〜10分、水けがなくなるくらいまで酒蒸しにする。竹串を刺してみて、底まで通ればOK。水けがなくなってもかたい場合は、水大さじ1を足し、ふたをして2分ほど火を通し、様子を見る。

3 味をからめる

2のフライパンに水けがなくなったのを確認してから、弱火のままごま油を加え、ざっと混ぜる。**B**を加えてざっと混ぜ、1〜2分混ぜながら炒め煮にし（焦がさないように注意）、照りが出たら火を止める。急冷（P10）し、冷蔵保存する。

アレンジのヒント

- 豚こま切れ肉やベーコンを加えてもOK。さつまいもとは別に炒め、作り方**3**の**B**を加える前に加えます。
- 細かく切ってごはんに混ぜても。

ピーマンしらたき

ピーマンに、食物繊維が豊富なしらたきを組み合わせました。肉のうまみやピーマンの苦みをいかすため、調味料は、酒、しょうゆ、ごま油だけと、シンプルです。ピーマンを加えて炒めるころには、フライパンはかなり熱くなっています。ピーマンは火が通るのが早いので、弱火にして炒めましょう。

保存期間
冷蔵で
5日

材料（4人分）

ピーマン…5〜6個
しらたき…200g
豚ひき肉（または合いびき肉）
…100〜120g
A 酒、しょうゆ…各大さじ2
赤とうがらしの小口切り（好みで）
…小さじ1
ごま油…大さじ1

作り方

1 下ごしらえをする

しらたきはざるに上げて水けをきり、キッチンばさみで長さが10cm以下になるように切って、さらに水けをきる。ピーマンはヘタと種を取り、7〜8mm幅の細切りにする。

2 しらたきのアクを抜く

厚手のフライパンにしらたきを入れて強火にかけ、炒める。シューシューという音が、水けが完全にとんで、「キュッキュッ」「ピューピュー」という音にかわってきたらOK。

3 炒める

2にひき肉を加えてほぐしながら中火で炒める。肉の色が変わって脂がにじんできたら弱火にし、ピーマンを加えてしんなりするまで炒める。Aを加え、汁けがほとんどなくなるまで炒め、ごま油を加えてざっと混ぜる。急冷（P10）し、冷蔵保存する。

アレンジのヒント

- ピーマンをししとうがらしや万願寺とうがらしにかえても。ししとうがらしの場合は、縦半分に切って作るとよいです。
- ひき肉を豚こま切れ肉にしてもおいしいです。

じゃがいもの照り焼き

あっさりめの照り焼き味に仕上げています。じゃがいもは丸ごとゆでると、ホクホクに仕上がります。電子レンジで加熱することもできますが、加熱しすぎるとパサパサになったり、焦げて一部がカチカチになるので、気をつけましょう。皮は冷めるとむきにくいので、ある程度熱い状態でむくといいですよ。

保存期間
冷蔵で
5日

材料（4人分）

じゃがいも…4個（約500g）
A｜しょうゆ、みりん…各大さじ1
　｜砂糖、酢…各小さじ1
サラダ油…大さじ2

作り方

1 じゃがいもをゆで、皮をむく

じゃがいもは皮つきのままよく洗い、鍋に入れる。かぶるくらいの水を注ぎ、ふたをして強火にかける。沸騰したら弱めの中火にし、やわらかくなるまでゆでる。竹串を刺してみて、スッと通ったらOK（電子レンジを使う場合は、左記を参照）。湯をきり、キッチンペーパーや乾いた布巾を使って、皮をむく。

2 切る

一口大（1～1.5㎝角くらいのコロコロサイズでもOK）に切る。Aは混ぜ合わせる。

3 焼く

フライパンにじゃがいもを入れ、サラダ油を回しかけて混ぜ、中火にかける。ときどき混ぜながら3分ほど焼き、全体にうっすらと焼き色がついたらAを加え、味をからめる。急冷（P10）し、冷蔵保存する。

電子レンジでじゃがいもを加熱するときは

よく洗ったじゃがいもを、水でぬらしたキッチンペーパー（電子レンジ使用可のもの）で包み、さらにラップでふんわりと包む。電子レンジで加熱（1個あたり2分）し、上下を返してさらに加熱（1個あたり1分30秒）する。ラップとキッチンペーパーをはずし、竹串を刺してみて、スッと通ればOK。かたい場合は、様子を見ながら10～20秒ずつ加熱する。

さつまいものわさマヨサラダ

ドレッシングのちょうどいい塩加減とつーんとくるわさびの風味が、さつまいもの甘みをおいしく引き立たせてくれるサラダです。わさびの量は、市販のチューブで4～5cm分くらいなら辛みはあまり感じないので、わさび好きの方でしたら、ぜひ、思いきってたっぷりと入れることをおすすめします。

保存期間
冷凍で 1カ月
冷蔵で 5日

材料（4～5人分）

さつまいも…2本（約400g）

A
- マヨネーズ…大さじ1＋小さじ1
- 薄口しょうゆ（なければしょうゆ）…大さじ1＋小さじ1
- レモン汁…小さじ2
- 練りわさび（市販のチューブ）…4～5cm

白いりごま…大さじ2

作り方

1 さつまいもの下ごしらえをする

さつまいもは1cm角、4～5cm長さの棒状に切る（この切り方にすると、早く火が通り、歯ごたえが少し残っておいしい）。水にさらしてアクを抜き、水けをきる。

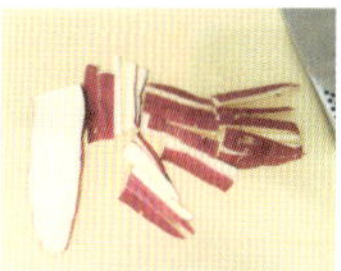

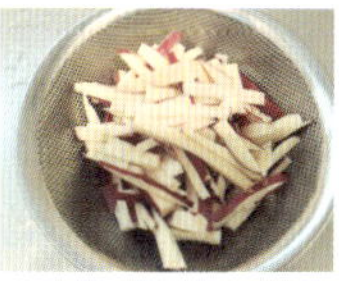

2 さつまいもをゆでる

鍋にさつまいもを入れ、水をひたひたに注ぎ、ふたをして中火にかけ、沸騰したら1～2分ゆでる。箸でつまんでみて、ポキッと折れる程度のかたさになったら（くずれるほどやわらかくならないように注意）、ざるに上げ、粗熱をとる（ここで、余熱でさらに火が通る）。

3 ドレッシングを作り、あえる

ボウルにAを入れ、わさびがダマにならないようによく混ぜる。2を加えてあえ、白ごまを加えてざっと混ぜ、冷蔵保存する。

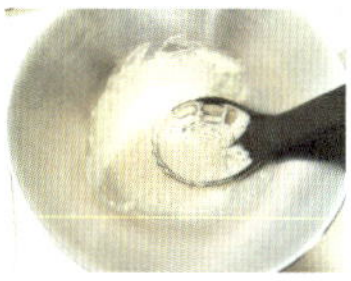

電子レンジでさつまいもを加熱するときは

アク抜きをしたさつまいもをぬらしたキッチンペーパー（電子レンジ使用可のもの）を敷いた耐熱皿に広げ、ラップをかけ、電子レンジで4分30秒ほど加熱する。

アレンジのヒント

ドレッシングのわさびを粒マスタード小さじ2～3にかえてもおいしいです。

とろとろなすのみそ炒め

ごはんがすすむ甘辛いこってり味ですが、ヘルシーな一品です。なすに油を全体にからめてからじっくりと火を通すので、失敗なく、とろりと仕上がります。できるだけほったらかしにして、混ぜるのは2回程度にするのがポイントです。作ってすぐよりも、味のしみた翌日以降がおいしいですよ。

保存期間

冷凍で **1**カ月

冷蔵で **5**日

材料（4人分）

なす…4〜5本
サラダ油…大さじ2

A
- みそ…小さじ4
- 砂糖、みりん、酒、しょうゆ…各小さじ2

作り方

1 なすを切る

なすはヘタをえんぴつを削るように取り除き（こうすると、ムダなく使える）、一口大の乱切りにする。

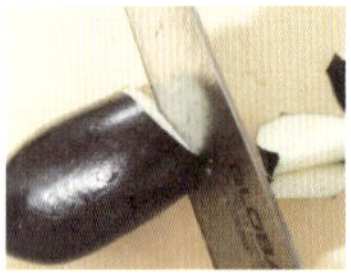

2 炒め煮にする

厚手のフライパンになす、サラダ油を入れて混ぜ、ふたをして弱火にかけ、6〜7分ほど焼く。その間にAをよく混ぜておく。ふたを取って上下を返すように軽く混ぜ、Aを加えて混ぜる。調味料が煮詰まるまで1〜2分ほど煮る。火を止めて、ざっと混ぜ、急冷（P10）し、冷蔵保存する。

アレンジのヒント

- みそと相性のいいチーズをプラス。角切りにしたプロセスチーズ20gや粉チーズ大さじ1を仕上げに加えたり、耐熱皿にみそ炒めを入れ、ピザ用チーズをかけてオーブントースターで焼いても。
- ピーマン4〜5個、またはししとうがらし8〜10本をプラスして作るのもおすすめです。ただし、色が悪くなるため、作り置きには向きません。

ししとうの焼きびたし

ししとうがらしのほか、甘長とうがらし、万願寺とうがらしでも作れる焼きびたしのレシピです。色止め（加熱後、氷水で冷やす）をしていませんが、3日ほど作り立ての緑色が保てます。加熱が中途半端だと、削り節が傷みやすいので、削り節を加えたあとは、きちんと煮立たせることが大切です。

保存期間
冷凍で 1カ月
冷蔵で 4日

材料（4人分）

ししとうがらし…20〜25本
A めんつゆ（3倍濃縮）…大さじ2
　水…60mℓ
削り節…3g（小1パック）
※甘長とうがらしなら12〜14本、万願寺とうがらしなら6〜7本で代用できる。

作り方

1 下ごしらえをする

ししとうがらしはヘタを切り落とす（キッチンばさみを使ってヘタを切り落とし、ヘタを受けるゴミ受けを並べて作業するとラク）。甘長とうがらしの場合はさらに長さ半分〜1/3の斜め切り、万願寺とうがらしの場合は1cm幅の斜め切りにする。よく水洗いし、ごみなどを除く。Aは混ぜ合わせる。

2 焼いて調味料をからめる

フライパンを強めの中火に熱してししとうがらしを入れ、ときどき混ぜながら、表面がところどころ白っぽくなったり、少し焦げ目がつくまで焼く。A、削り節を加えて混ぜ、煮立ったら火を止め、そのまま粗熱がとれるまでおく。冷蔵保存し、食べるときに好みでさらに削り節をかける。

アレンジのヒント

- オクラで作っても、おいしいです。
- 食べるときに、ちりめんじゃこをかけるのもおすすめです。
- なすや生しいたけを一緒に加えても。

本格ミネストローネ

材料（4人分）

にんじん…1本	トマト水煮缶…1缶（400g）
セロリ…1本	白ワイン…50mℓ
玉ねぎ…1個	水…400mℓ
キャベツ…¼個	固形コンソメスープの素…1個
ベーコン…4枚	ローリエ…1枚
にんにく…2〜3片	塩…小さじ⅓〜
オリーブ油…大さじ1	こしょう…小さじ¼〜

保存期間

冷蔵で **5**日

冷凍で **1**カ月

ミネストローネは、トマト、にんじん、玉ねぎなどの野菜を煮込んだイタリアの代表的なスープです。いろいろな種類の野菜がたっぷりなので体によく、アレンジも無限大！　ヘルシーな味わいなので、朝昼晩はもちろん、小腹がすいたとき、酔い覚めにも重宝しています。どんな具材とも相性のいいスープなので、冷蔵庫の在庫一掃レシピとしても大活躍します。煮込みに入るまでは、野菜は弱火で焦がさないように炒めましょう。焦げやすい鍋の場合は、フライパンであらかじめ具材を炒めてから、鍋に入れるといいですよ。

アレンジのヒント

- いろいろな具材でアレンジできます。おすすめの具材については、次のページを参照してください。
- ゆでたスパゲッティにミネストローネをかけ、好みで粉チーズや黒こしょうなどをふれば、速攻スープパスタのでき上がりです。
- 鍋にミネストローネ1人分、冷やごはん茶碗軽く1杯分を入れてひと煮立ちさせ、粉チーズかピザ用チーズ、好みでパセリやバジル、黒こしょうをかければ、速攻リゾットに。

作り方

1 野菜を切る

にんにくはみじん切りにし、ベーコンは1cm幅に切る。にんじん、セロリ、玉ねぎ、キャベツは1cm角に切る（野菜の量が多いので、あればフードプロセッサーを使うとラク。キャベツの芯は、煮込むと苦みが出るので、使わない）。

2 にんにく、ベーコンを炒める

圧力鍋にオリーブ油、にんにくを入れて弱火にかけ、ふつふつとしていい香りがしてきたら、ベーコンを加えて炒める（弱火のまま、焦がさないようにする）。

3 ほかの野菜を加えて炒める

にんじんを加え、全体に油がまわるまで弱火で炒め、セロリ、玉ねぎ、キャベツを順に加え、そのつど油がまわるまで弱火で炒める。

4 煮る

トマト水煮（ホールタイプの場合は、手でつぶしながら加える）、白ワインを加え、鍋底から1/3の高さまで、分量の水を注ぐ（煮汁の量がそれ以上の高さに達するようなら、残りの水は加圧後、仕上げに加える。そうしないと、加圧中に煮汁があふれることがあり、危険）。スープの素を加えてざっと混ぜ、ローリエを加える。

5 加圧し、仕上げる

低圧にセットし、ふたをして中火にかけ、圧力がかかったら1分加圧し、火を止め、そのまま自然放置する。ふたを取り、作り方4で残りの水がある場合は加え、中火でひと煮立ちさせる。塩、こしょうで味を調え、急冷（P10）し、冷蔵保存する。食べるときに、好みで粉チーズやパセリ、オレガノ、バジルなどをかけても。

おすすめの具材

かぼちゃ、じゃがいもを入れる場合は、加圧後に加え、ふたをせずにさらに15分ほど煮ます。貝類を使う場合は、スープの素や塩をひかえめに加え、最後に味をみて調整しましょう。

野菜・きのこ類　パプリカ／ピーマン／トマト（皮は湯むきする）／かぶ／大根／白菜／なす／ズッキーニ／かぼちゃ／じゃがいも／しめじ／まいたけ／しいたけ／エリンギ／マッシュルーム

たんぱく質・穀類　パンチェッタ／ハム／ウインナー／鶏肉（むね、もも、手羽）／あさり／白いんげん豆／大豆／ひよこ豆／押し麦／玄米／マカロニ

香辛料　オレガノ／バジル／パセリ／ナツメグ

普通の鍋で作るときは

煮込むときの水の分量は800mℓ〜1.2ℓにする。野菜を炒めてトマト水煮、白ワイン、分量の水、スープの素、ローリエを加え、煮立ったら弱火で30〜40分煮る。

豚汁

材料（4～6人分）

大根…1/3本
ごぼう…1本
にんじん…1/2本
れんこん（あれば）…100g
長ねぎ…1本
油揚げ…1枚
豚こま切れ肉…200g
水…800mℓ～1ℓ
みそ（煮込み用）…大さじ2
みそ（仕上げ用）…大さじ1～大さじ1 1/2

保存期間

冷蔵で **5** 日

冷凍で **1** カ月

煮る前に油で炒めないのでヘルシーで、野菜のおいしさが堪能できるよう、味つけは薄めです。豚肉は湯にさっとくぐらせておき、表面の余分な脂やアクを除き、うまみをぎゅっと閉じ込めます。根菜を先に煮込み、やわらかくなってからゆでた豚肉を加えると、ほかの材料がアクまみれにならず、肉のコクやうまみが充分に引き出された豚汁になります。根菜は水から煮ることで、さらに野菜のうまみが汁によく溶け込みます。みそは煮込むと香りがとぶので、煮込み用と仕上げ用と2回に分けて加えると、みその風味が引き立ちます。

アレンジのヒント

- 豚肉は、こま切れや赤身ならあっさり味に、バラならこってり味に仕上がります。
- いろいろな具材でアレンジできます。おすすめの具材については、次のページを参照してください。
- 食べるときに、針しょうがを添えたり、ゆでうどんを入れてもとてもおいしく、体も温まります。

4 豚肉をゆでる

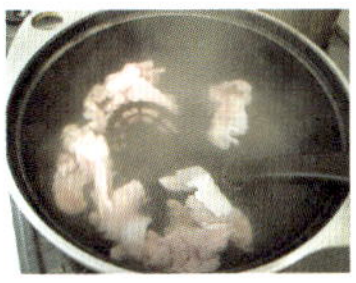
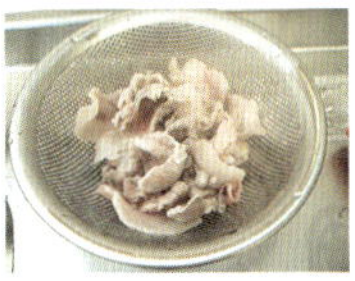

別の鍋に湯を沸かして火を止め、豚肉（大きければ一口大に切っておく）を入れ、肉同士がくっつかないように混ぜながら、ゆっくり10秒ほど数える（ここでは、完全に火が通っていなくてもよい）。ざるに上げ、湯をきる。

5 仕上げる

2の鍋に豚肉、油揚げ、長ねぎを加えて煮、肉に火が通ったら仕上げ用のみそを溶き混ぜる。煮立ったら味をみて、薄いようならみそを少し足し、調える。急冷（P10）し、冷蔵保存する。食べるときに、好みで一味とうがらしや七味とうがらしをふっても。

おすすめの具材

私がおいしいと思う組み合わせは、豚肉、大根、ごぼう、にんじん、長ねぎ、油揚げです。これを基本とし、以下のような具材を加えてアレンジしています。

里いも／長いも
皮をむいて1cm幅程度に切り、塩をふってもみ、水洗いしてぬめりを落としてから、ほかの根菜とともに加える。

さつまいも／じゃがいも／かぼちゃ
さつまいもとかぼちゃは皮ごと、じゃがいもは皮をむいて1cm幅の半月切りにする。いもは水にさらしてから、ほかの根菜とともに加える。

かぶ
皮付きのまま半月切り（またはいちょう切り）にし、ほかの根菜とともに加える。

こんにゃく
一口大にちぎり、塩をもみ込み熱湯で5分ゆでてアク抜きをしてから、ほかの根菜とともに加える。

きのこ
石づきを取り、3〜4cm大に切り、豚肉や油揚げを入れるタイミングで加える。

木綿豆腐／焼き豆腐
3cm角に切り、ほかの根菜とともに加える（圧力鍋で作る場合は、豚肉や油揚げを入れるタイミングで加える）。

もやし／白菜／白玉だんご
白菜はひと口大に切り、豚肉や油揚げを入れるタイミングで加える。

作り方

1 根菜を切る

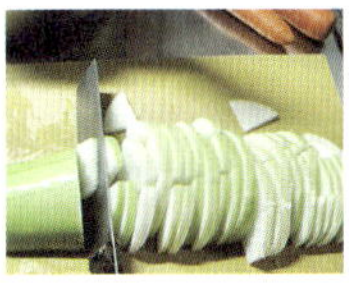

大根は皮付きのまま縦4等分に切って5〜6mm幅のいちょう切りにする。ごぼうは洗って5〜6mm幅、長さ3〜4cmの斜め切りにする（太い場合は、縦半分に切ってから斜め切りにする）。にんじん、れんこんは2〜3mm幅の半月切りにする。

2 煮る

鍋に**1**を入れ、分量の水を注いで強火にかける。沸騰したら弱火にし、アクなどを取り、煮込み用のみそを加え、根菜がやわらかくなるまで煮る（途中、煮汁が少なくなったら水を足す）。

3 長ねぎ、油揚げの下ごしらえをする

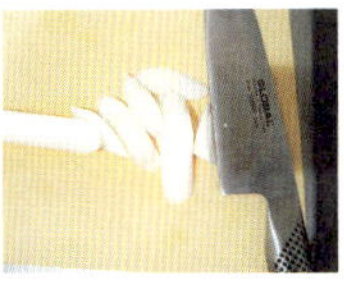

長ねぎは3mm幅、長さ3〜4cmの斜め切りにする。油揚げは鍋に湯を沸かし、30秒ほどつけ（火は止めてもつけたままでもOK）、ざるに上げる。水けを絞り、縦半分に切ってから1cm幅に切る。

圧力鍋で作るときは

圧力鍋に**1**の根菜を入れてひたひたの水（800mℓ〜1ℓ）を注ぎ、低圧にセットしてふたをし、中火にかける。圧力がかかったら1分加圧し、火を止め、そのまま自然放置する。圧力が抜けたら、ふたを取り、アクを除いて煮込み用のみそを加え、溶き混ぜる。あとは作り方**4〜5**と同様に仕上げる。

Column

だし汁のとり方

顆粒だしも愛用していますが、基本はだし汁をとって、料理に活用しています。だし汁をきちんととるのは手間かもしれませんが、おいしさは抜群です。もっと手軽なとり方もあるので、あわせてご紹介します。

一番だし

削りがつおと昆布でとる基本的なだしです。2つを合わせて使うことで、うまみが強いだしになります。

材料（作りやすい分量）

昆布…10g（15cmのもの1〜2枚）
削りがつお（花がつお）…20g（直径16cmのボウルに1杯分）
水…1ℓ

作り方

1

昆布は汚れや砂がついている場合は、ぬらしてかたく絞った布巾かキッチンペーパーで、表面をさっとふき取る（白い粒は、うま味成分のグルタミン酸の結晶なので、そのままにしておく）。

2

鍋に分量の水と昆布を入れ、できれば30分ほどそのままおく。前日から浸しておく場合は、室温が10℃を超える時期は冷蔵庫に入れておく。

3

鍋を強めの弱火にかける。沸騰間際まで10分ほど温め、火を止める（細かい泡が立ってきたら、沸騰間際のサイン）。

4

昆布を引き出す（このとき、昆布の厚みのある部分に爪を立ててみて、爪がスッと入れば、うまみがきちんと引き出されている証拠。まだかたい場合は、お玉1/3杯分の水を加えて温度を下げ、さらに沸騰間際まで温める）。

5

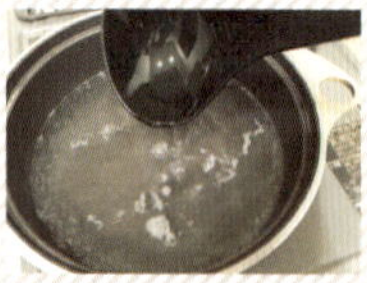

鍋を火にかけていったん沸騰させる（昆布の乾物独特のにおいを取る）。

6

約大さじ1の水を加え、沸騰がおさまったらすぐに、削りがつおを一気に加え、弱火にする（水を加えて温度を下げるのは、沸騰した中に削りがつおを加えると、香りがとび、えぐみや渋みが出てしまうため）。

7

沸騰したら、アクを取る。だしをどんな料理に使うかで、加熱時間を決める。吸いものの場合は、ひと煮立ちしたら、すぐに火を止める。煮ものやみそ汁の場合は、弱火のまま3〜4分じっくりと加熱する。

8

削りがつおが沈んだら、ネル布巾（または不織布のキッチンペーパー）をのせたざるに静かに通し、こす。吸いものに使う場合は絞らず、煮ものやみそ汁の場合は、軽く絞ってもよい。余っただし汁は冷蔵庫で保存し、2〜3日中に使いきる。

速攻だし

「だし汁をとる時間がない!」「だし汁が少しだけ欲しい!」「だし汁が少し足りない!」そんなときにおすすめの方法です。

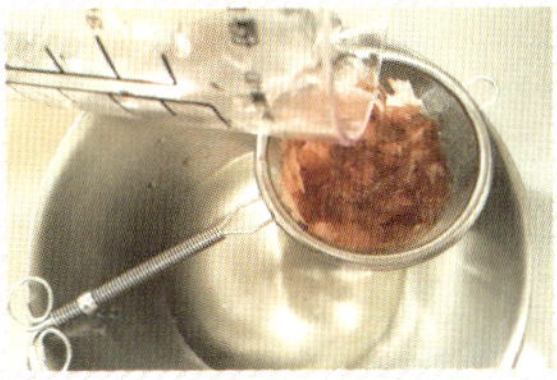

削り節＋湯で

茶こしに削り節5g（1パック）を入れて、湯200mℓを注ぐだけ。湯は沸騰湯でなくてよく、ポットのお湯で充分。おひたしやだし巻き卵のように、少量使いたいときに便利。

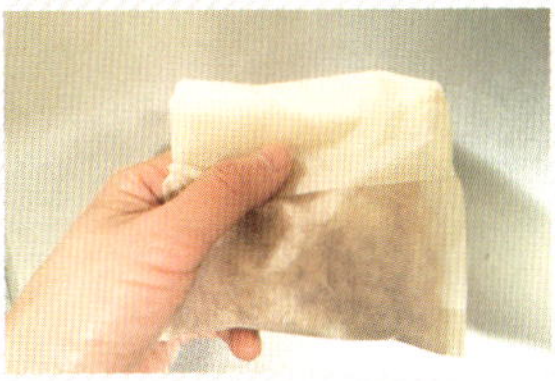

煮ものと一緒に

お茶パックに削りがつおを入れ、しっかり封をし、これを煮ものを煮るときに一緒に入れる。でき上がったら取り出す。削りがつおは、4人分の煮ものでひとつかみ（約10g）が目安。

ほったらかしOKの水だし

冷蔵庫でゆっくりとうまみを引き出します。加熱しないので、余分なえぐみが出にくく、とても上品な仕上がりです。

材料（作りやすい分量）

昆布…10g（15cmのもの1〜2枚）
削りがつお（花がつお）…20g（直径16cmのボウルに1杯分）
水…1ℓ

作り方

1

お茶ポットの茶葉を入れる部分（なければ、お茶パックでOK）に削りがつおを入れる（ぎゅうぎゅう押し込んでよい）。

2

お茶ポットに昆布、1を入れ、分量の水を静かに注ぎ入れる。冷蔵庫に入れ、6時間以上おく。1週間以内に使いきる。

※1週間以内なら、水をつぎ足して使うこともできる。その場合、昆布と削りがつおが水に常に浸かっているようにすること。
※水をつぎ足さずに使う場合は、昆布と削りがつおがだし汁から出て空気にふれてしまうようなら、取り出しておく。

二番だし

一番だしのだしがらを使って、もう一度だし汁がとれます。新たに削りがつおを少し加えるのがポイント。

材料（作りやすい分量）

一番だしで使っただしがら…
100〜120g（だし汁1ℓ分）
水…1ℓ
削りがつお（花がつお）…5g

作り方

1

鍋にだしがら、分量の水を入れて強火にかけ、沸騰したら弱火にし、10分ほど加熱する。

2

火を止め、削りがつおを加え、削りがつおが沈むまでそのままおく。

3

ネル布巾（または不織布のキッチンペーパー）をのせたざるに静かに通してこし、軽く絞る。

Column

だしがら活用法

だし汁をとったあとの昆布や削りがつお、煮干しは、栄養の宝庫です。捨てるのはもったいないので、ぜひ活用しましょう。みそ汁に入れたり、おひたしにプラスするのが手軽ですが、ほかにおすすめのメニューをご紹介します。

すぐに使わないときは

だし汁をとっただしがらは、ラップにぴっちりと包み、保存袋に入れて保存する。冷蔵なら3日、冷凍なら1カ月保存可能。

\ 昆布で /

昆布のつくだ煮

材料
（250mℓの保存容器1杯分）

だしがらの昆布
…100〜120g（だし汁2ℓをとった昆布2回分）

A
- 水…200mℓ
- しょうゆ…大さじ1
- 砂糖…小さじ2
- みりん、酢…各小さじ1

白いりごま…大さじ1

作り方

1 昆布は細切りにする。
2 鍋（またはフライパン）に昆布、Aを入れ、中火にかける。煮立ったらふたをして弱火にし、10〜15分煮る。煮汁が少なくなったらふたを取り、ときどき混ぜながら、焦がさないようにゆっくりと煮詰める。煮汁がほとんどなくなったら、白ごまを加えて混ぜる。

※保存容器に入れて冷蔵保存する。10日間保存可能。
※ごまのかわりに、削り節、粉ざんしょう、一味とうがらし、七味とうがらし、刻んだしょうがを加えても。

POINT

昆布は、丸めて端から切っていく。こうすると、端が切れずにすだれ状につながったまま……という失敗も防げる。

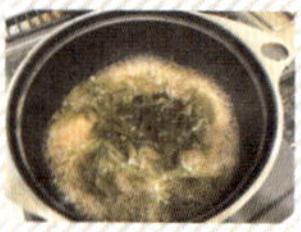

昆布は濃いめの味で煮込むとやわらかくならないため、たっぷりめの水で、調味料の濃度が薄い状態から時間をかけて煮る。

\ 削りがつお、昆布、煮干しで /

キャベツ焼き

材料（1〜2人分）

だしがらの削りがつお（昆布、煮干しでもOK）…60〜70g（だし汁1ℓをとった削りがつお1回分）
キャベツ…¼個
塩…小さじ¼
片栗粉、サラダ油
…各大さじ1
中濃ソース、マヨネーズ
…各適量

作り方

1 だしがらはフードプロセッサーで細かくする。キャベツは粗みじん切りにする。
2 ボウルにキャベツ、塩、だしがらを入れ、手で1分ほどもむ。全体がしっとりとしてきたら片栗粉を加え、片栗粉が全体になじむまでもむ。
3 フライパンにサラダ油を薄くひき、2を入れて丸く形を整え、ふたをして弱火にかける。15分ほど焼き、きつね色の焦げ目がついてきたら裏返し、ふたはせずに軽くきつね色になるまでじっくりと焼く。
4 器に盛り、中濃ソースとマヨネーズをかける。好みで青のりや削り節をかけたり、ソースをポン酢しょうゆにかえても。

POINT

だしがらは、フードプロセッサーを使って細かくすると簡単。粗めのみじん切り程度でも、粉々でも、お好みで。

生地がもろもろで裏返すのが難しい場合は、全体をざっと混ぜて形を整え、裏返さずにそのまま焼けばOK。

※だしがらを使ったふりかけの作り方は、P121で紹介しています。

Chapter

4

乾物&海藻の作り置きおかず

大豆とトマトのマリネサラダ

材料（4人分）

水煮大豆…150g
トマト…1個
玉ねぎ…½個
香味野菜の粗みじん切り（パセリ、バジル、イタリアンパセリなど）…大さじ3

A
- サラダ油…大さじ3
- 米酢…大さじ2
- レモン汁…大さじ1
- 砂糖…小さじ1
- 塩…小さじ½
- 黒こしょう…小さじ⅓

日持ちはするけれど飽きのこない、あっさりさっぱりとした豆サラダをご紹介します。彩りがいいので、持ち寄りメニューにも活用できます。あわせて、乾燥大豆のゆで方もご紹介しますね。大豆をゆでるときには、必ずひと晩かけて戻さないといけない、ということはありません。圧力鍋をお持ちでしたら、熱湯に1時間ほどつけてからゆでることで、ふっくらと仕上がります。私はだいたいこの方法でゆでています。また、浸水なしでいきなり圧力鍋でゆでる、という荒業も可能ですので、思い立ったときでもすぐ作れます。

保存期間
冷蔵で
1週間

乾燥大豆のゆで方

1カップ（150g）の乾燥大豆から、370〜400gの水煮大豆が作れます。水煮大豆は、翌日に調理する場合は、ゆで汁をきって冷蔵保存を。すぐに使わない場合は、ゆで汁をきって冷凍用保存袋に入れ、冷凍保存しましょう。

水で戻す×普通の鍋

1 乾燥大豆は洗い、大豆の4〜6倍量の水（大豆1カップ〈150g〉なら水800mℓ〜1.2ℓ）に6時間ほどつけて戻す（夏場は冷蔵庫に入れる）。
2 厚手の鍋に**1**を戻し汁ごと入れる。水が大豆よりも3〜4cm上になるようにし、足りなければ水を加える。強火にかけ、沸騰したら弱火にし、1時間〜1時間10分ゆでる。大豆に常に水がかぶっている状態をキープし、水が足りなくなったらぬるま湯でさし水をするか、落としぶたをするとよい。

水で戻す×圧力鍋

1 乾燥大豆は上記の「水で戻す×普通の鍋」の作り方**1**と同様に水で戻す。
2 圧力鍋に**1**を戻し汁ごと入れ、高圧にセットし、ふたをして強火にかける。圧力がかかったら弱火にし、1分加圧して火を止め、そのまま自然放置する。

熱湯につける×圧力鍋

1 圧力鍋に乾燥大豆の3倍量の熱湯（乾燥大豆1カップ〈150g〉なら熱湯600mℓ）、洗って水けをきった大豆を入れ、ふたをして1時間ほどおく。
2 高圧にセットして強火にかけ、圧力がかかったら弱火にし、1分加圧して火を止め、そのまま自然放置する。

水で戻さない×圧力鍋

1 圧力鍋に乾燥大豆の重さの10倍量の水（乾燥大豆1カップ〈150g〉なら水1.5ℓ）、塩ひとつまみ、洗って水けをきった大豆を入れる。
2 高圧にセットし、ふたをして強火にかける。圧力がかかったら弱火にし、20分加圧して火を止め、そのまま自然放置する。ものすごくしわが寄ることもあるが、時間がたつとふっくらしてくる。

※圧力鍋でゆでる場合は、豆と水の量が鍋の⅓以下になるようにする。

作り方

1 野菜を切る

玉ねぎはスライサーで薄切りにし、1分ほど水にさらして余分な辛みを抜き、ざるに上げて水けをきる（スライスした玉ねぎは、ほかのコロコロとした具材とマリネ液をまんべんなくからませる役割）。トマトは1cm幅の輪切りにしてから1cm角程度に切る。香味野菜は、今回はパセリ2〜3本を使用。茎を切り落とし、葉をざくざくと切る。

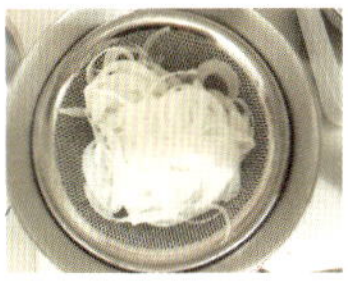

2 マリネ液を作る

ボウルに**A**を入れて混ぜる。

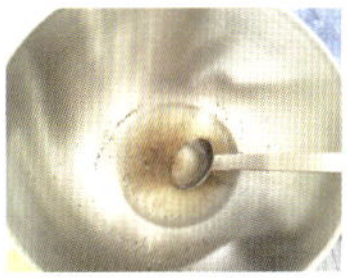

3 あえる

2に水けをきった大豆、トマト、水けをよく絞った玉ねぎ、パセリを加え、よく混ぜて冷蔵保存する。でき立てもおいしいが、時間がたったほうが味がなじむ。

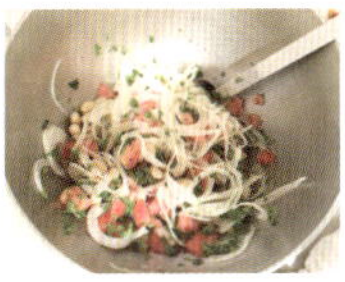

アレンジのヒント

- 大豆をミックスビーンズにかえると、さらに彩りよく仕上がります。
- 好みで粒マスタード小さじ1を目安に加えてもおいしいです。
- トマトと同じくらいの大きさに切ったチーズを加えても。クリームチーズ、モッツァレラチーズ、カマンベールチーズが合います。

切り干し大根の煮もの

材料（4人分）

切り干し大根…40g
にんじん…½本
油揚げ…1枚
だし汁…300mℓ（または水300mℓ+
　顆粒和風だしの素小さじ⅔）
酒…大さじ2
しょうゆ…大さじ1

保存期間
冷蔵で **5**日
冷凍で **1**カ月

私の切り干し大根の煮ものは、切り干し大根を戻さずに作ります。さっと洗ってすぐに調理するので、調理時間の短縮になるうえ、切り干し大根のうまみがダイレクトに煮汁に溶け込み、食べたときにじんわりと口の中に広がります。また、切り干し大根自体に甘みがあるので、味つけに砂糖やみりんは使いません。だし汁と酒で煮込み、具材に火が通ってから少しのしょうゆで仕上げます。しょうゆを加える前の時点で煮汁がひたひたでも、冷める間に具材が煮汁を吸うので、味がしっかりしみ込みます。

アレンジのヒント

- 混ぜごはんの具材としても活用できます。ごはん1合分に切り干し大根の煮もの大さじ3を粗く刻んでから加え、混ぜます。
- 冷めてもおいしいので、お弁当のおかずにもどうぞ。汁けをよくきってから詰めましょう。
- ほかの乾物を加えると、うまみがアップしておいしいです。おすすめの乾物は、下記を参照してください。

おすすめのプラス乾物

干ししいたけ
戻して薄切りにし、切り干し大根と一緒に加えて調理する。だし汁は200mℓにかえ、しいたけの戻し汁100mℓを加える。

昆布、干しえび
材料のだし汁にあらかじめつけておく。昆布は細切りにし、切り干し大根と一緒に加えて調理する。

高野豆腐
戻してから好みの大きさに切り、切り干し大根と一緒に加えて調理する。

これもおすすめ！

保存期間
冷蔵で 5日
冷凍で 1カ月

切り干し大根のイタリアン風

材料（4人分）

切り干し大根…40g
ベーコン…2枚（「ハーフ」の場合は4枚）
昆布…3×10cm
にんにくのみじん切り…1片分
赤とうがらしの小口切り（好みで）…小さじ1
オリーブ油…大さじ1
A｜水…300mℓ
　｜白ワイン（または酒）…大さじ2
塩…小さじ½
黒こしょう…小さじ¼

作り方

1 昆布はキッチンばさみで2mm幅の細切りにする。切り干し大根は水にさっとくぐらせて洗い、表面のごみなどを取り除き、水けを絞る。ベーコンは3〜4mm幅に切る。
2 フライパンにオリーブ油、にんにくを入れ、弱火にかける。にんにくの周りがふつふつとし、香りが出てきたら（焦がさないように注意）ベーコンを加えて焼く。
3 ベーコンから脂がにじみ出てきたら、赤とうがらし、昆布、切り干し大根を加えて（切り干し大根が長い場合は、キッチンばさみで切りながら加えるとよい）ざっと混ぜ、Aを加えてふたをし、強火にする。煮立ったら弱火にし、ときどき混ぜながら4〜5分煮る。
4 切り干し大根がやわらかくなり、煮汁が少なくなってきたら塩、黒こしょうで味を調える。急冷（P10）し、冷蔵保存する。

作り方

1 油揚げの油抜きをする

鍋に湯を沸かし、油揚げを30秒ほどつけ（火は止めても、つけたままでもOK）、ざるに上げる（こうして表面の油を落とすと、油臭さがなくなり、仕上がりが油っぽくならず、味もよくしみ込む）。

2 下ごしらえをする

油揚げは縦半分に切ってから1cm幅に切る。にんじんは3mm幅の少し太めのせん切りにする。切り干し大根は水にさっとくぐらせて洗い、表面のごみなどを取り除き、水けを絞る。

3 煮る

鍋（またはフライパン）にだし汁と酒、油揚げ、にんじん、切り干し大根を入れる（切り干し大根が長い場合は、キッチンばさみで切りながら入れるとよい）。ふたをして強火にかけ、煮立ったら弱火にし、ときどき混ぜながらにんじんがやわらかくなるまで5〜7分煮る。しょうゆを加えてざっと混ぜ、煮立ったらひと呼吸おいて（30秒以内）火を止める。急冷（P10）し、冷蔵保存する。

大豆と切り干し大根のサラダ

栄養たっぷり、体にうれしい乾物サラダです。大豆と切り干し大根の自然な甘みをいかし、ごまの香り、酢のやさしい酸味、しょうがの風味であっさりと仕上げました。それぞれの具は、水けをよく絞ってからドレッシングであえることで、味がよくなじみ、日にちがたっても味がぼやけません。

保存期間
冷凍で 1カ月
冷蔵で 1週間

材料（4人分）

水煮大豆…150g
切り干し大根…30g
乾燥ひじき…10g
きゅうり…1本
A 米酢、しょうゆ、ごま油、白いりごま…各大さじ1
　だし汁…大さじ1（または水大さじ1＋顆粒和風だしの素少々）
　砂糖、レモン汁…各小さじ1
　しょうがのすりおろし…½片分

作り方

1 下ごしらえをする

ひじきはたっぷりの水に10〜15分つけて戻す。上からすくってざるに上げ（砂などが下に落ちるので、ひじきはすくって取り出すとよい）、ざるに入れたまま2〜3度水をかえて軽くすすいで水けをきる。熱湯で1分ほどさっとゆで、ざるに上げる（これで磯臭さが抜ける）。切り干し大根は水にくぐらせてさっと洗い、熱湯で1分ほどゆで、ざるに上げる。粗熱がとれたら水けを絞り、長ければ食べやすく切ってほぐす。きゅうりはせん切りにし、水けを絞る。

2 ドレッシングを作る

ボウルにAを入れ、よく混ぜる。

3 あえる

2に水けをきった大豆、ひじき、切り干し大根、きゅうりを加え、よくあえて冷蔵保存する。でき立てもおいしいが、時間がたったほうが味がなじむ。

アレンジのヒント

- きゅうりをオクラ10本（小口切り）、さやいんげん10本（塩ゆでして長さ2cmの斜め切り）、枝豆200g（熱湯で4分ゆでてさやから出す）にかえて作るのもおすすめです。
- 水煮大豆をミックスビーンズにかえても。

切り干し大根の梅納豆あえ

シャキシャキの切り干し大根に、粘りのある納豆や香りのいい青じそ、酸味のある梅干しを組み合わせたら、クセになるおいしさに！　さっと作れるので、あともう一品欲しいときにも重宝します。日にちがたってもおいしく食べられるよう、切り干し大根の水けをしっかり絞ってからあえてください。

保存期間
冷蔵で
5日

材料（4人分）

切り干し大根…30g
納豆…1パック
梅干し…1個
青じそ…5枚
A だし汁…大さじ1（または水大さじ1＋顆粒和風だしの素少々）
　しょうゆ、白いりごま…各小さじ1

作り方

1 切り干し大根の下ごしらえをする

切り干し大根は水にくぐらせてさっと洗い、熱湯で1分ほどゆで、ざるに上げる。粗熱がとれたら水けを絞り、長ければ食べやすく切ってほぐす。

2 ほかの材料の下ごしらえをする

納豆は空気を含ませるように箸で30回ほどよく混ぜる。梅干しは種を取り、包丁でたたく。青じそは粗みじん切りにする（くるんと丸めて端から刻むと、やりやすい）。

3 あえる

1、2、Aを合わせてよくあえ、冷蔵保存する。

アレンジのヒント

青じそや焼きのりで一口分をくるっと巻くと、おかずにはもろちん、からだにやさしいおつまみにもなります。

大豆とひき肉のそぼろ

大豆をプラスし、栄養価もボリュームも満点のそぼろです。ひき肉をゆでてから煮ると、余分な脂や臭みをカットできるので、冷めても脂が固まらず、パラリとおいしく仕上がり、お弁当にもぴったりです。ひき肉は豚ひき肉や牛ひき肉でもよく、全体が350gになるよう、豆やひき肉の量は加減します。

保存期間

冷凍で 1カ月

冷蔵で 5日

材料（4人分）

水煮大豆…150g

鶏ひき肉…200g

A
- しょうゆ…大さじ2
- 砂糖、みりん…各大さじ1
- しょうがのすりおろし…½片分（または市販のチューブ4cm）

作り方

1 ひき肉を下ゆでする

鍋（またはフライパン）にたっぷりの湯を沸かし、ひき肉を入れ、ほぐしながら色がかわるまで1分ほど下ゆでし、ざるに上げる。

2 煮る

鍋（または厚手のフライパン）にA、水けをきった大豆、1を入れて中火にかけ、混ぜながら5〜6分煮る。煮汁がほとんどなくなったら火を止め、急冷（P10）し、冷蔵保存する。

アレンジのヒント

- 温かいごはんに好みの量のそぼろをかけて、そぼろ丼に。
- 酢飯2合分にそぼろ全量を混ぜ、お手軽ちらしずしに。約4人分です。
- 食パンにそぼろをのせてピザ用チーズをかけ、オーブントースターで焼いても美味。

ひじきと春雨の梅しそあえ

梅干しを使用するので保存がきき、作り置きにもぴったりのあえものです。春雨はかために戻したほうが、時間がたっても独特のコリコリとした歯ごたえを楽しめます。春雨もめん類の一種ですので、ゆでたあとに急冷してしめ、表面の余分なたんぱく質を洗い落とすといいです。

保存期間
冷蔵で
1週間

材料（4人分）

乾燥ひじき…10g
緑豆春雨…40g
梅干し…大2個
青じそ…10枚
A しょうゆ…小さじ1
　砂糖…小さじ½
白いりごま…大さじ1

作り方

1 ひじきと春雨をもどす

ひじきはたっぷりの水に10〜15分つけて戻す。上からすくってざるに上げ（砂などが下に落ちるので、ひじきはすくって取り出すとよい）、ざるに入れたまま2〜3度水をかえて軽くすすいで水けをきる。熱湯で1分ほどゆで、ざるに上げて冷ます（これで磯臭さが抜ける）。春雨は熱湯でかためにゆでて戻し、ざるに上げ、たっぷりの水にさらし、流水で表面のぬめりを落として水けをきる。

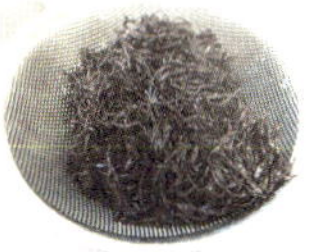
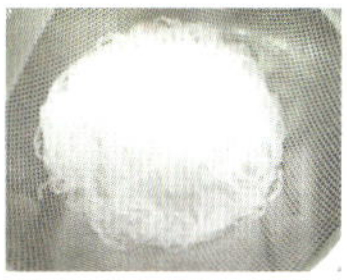
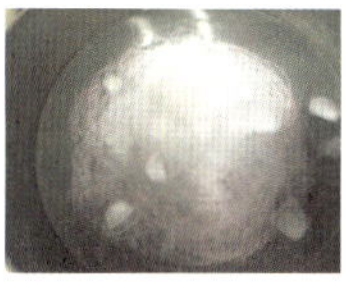

2 梅干し、青じそ、Aを混ぜる

梅干しは種を除いて、包丁でたたく。青じそはみじん切りにする。ボウルに、梅干し、青じそ、Aを入れ、よく混ぜる。

3 あえる

春雨の水けをギュッと絞り、2に加える。ひじき、白いりごまも加え、よくあえて冷蔵保存する。

切り干し大根とほうれん草のごまあえ

切り干し大根や青菜って、ちょっと地味なんですが、にんじんを加えるので見た目にも鮮やかです。油揚げを加え、コクをプラスしています。あえ衣は鍋で作るので、切り干し大根やにんじん、油揚げに確実に火が通ります。また、だし汁を加えるのでやさしい味わいになり、ほうれん草ともよく合います。

保存期間
冷凍で 1カ月
冷蔵で 5日

材料(4人分)

切り干し大根…20g
ほうれん草…1束(200g)
にんじん…½本
油揚げ…1枚
A だし汁…100mℓ(または水100mℓ＋顆粒和風だしの素小さじ¼)
　しょうゆ…大さじ1
　みりん…小さじ2
　砂糖…小さじ1
白いりごま…大さじ1

作り方

1 下ごしらえをする

切り干し大根は水に10分ほどつけて戻し、水けを絞る。長い場合は3〜4cm長さに切る。鍋に湯を沸かし、油揚げを30秒ほどつけ(火は止めても、つけたままでもOK)、ざるに上げる。水けを絞り、縦半分に切ってから1cm幅に切る。にんじんはせん切りにする(スライサーを使うとラク)。

2 あえ衣を作る

鍋に**A**を入れて中火にかけ、砂糖が溶けたら**1**を加える。煮立ったら弱火にし、全体がしんなりとするまで3〜4分煮、火を止める。ボウルに移し、白ごまを加えて粗熱をとる。

3 ほうれん草をゆでて切る

ほうれん草は「ほうれん草のおひたし二種」(P27)の作り方**1**〜**3**を参照し、ゆでて切る(水けはしっかりと絞ること)。

4 あえる

2に**3**を加え、よくあえて冷蔵保存する(あえ衣が温かいままほうれん草をあえてしまうと、ほうれん草との温度差で水っぽい仕上がりになり、傷みやすくなるので注意)。

アレンジのヒント

- ほうれん草のほかに小松菜、菜の花でも。
- 混ぜごはん、おにぎり、卵焼きの具にするのもおすすめです。

ナッツたっぷりごまめ

私が作るごまめ(田作り)は、ナッツをごまめよりも多く加えます。これなら小魚の苦みが苦手な方も、難なく食べられますよ。ごまめのかわりに、そのまま食べられるタイプの小魚でも作れます。から炒りするときも調味料をからめるときも、焦がさないように気をつけましょう。

保存期間
冷凍で 1カ月
冷蔵で 5日

材料(4~5人分)

ごまめ(田作り)…30g
無塩ナッツ(ミックスナッツ、くるみ、アーモンド、ピーナッツなど。1種類でもOK)…50g
A 酒、砂糖、みりん、しょうゆ…各大さじ1
白いりごま…小さじ2

作り方

1 ナッツをから炒りする

フライパンにナッツを入れ、弱火にかける。3~4分して香りが出てきたら、混ぜながらさらに1~2分から炒りする。火を止め、ナッツを木べらか手で粗く砕き(やけどに注意)、皿などに移す。

2 ごまめをから炒りする

1のフライパンをキッチンペーパーでふき取り、きれいにする。ごまめを入れて弱火にかけ、じっくりとから炒りして取り出す(一尾を取り出して少し冷まし、手で簡単にポキッと折れればOK)。

3 仕上げる

2のフライパンをキッチンペーパーでふき取り、Aを入れて弱火にかける。周りがぶくぶくと泡立ってきたら、すぐにナッツ、ごまめ、白ごまを加え、大きく混ぜながら味をからめる。オーブンシートを敷いたバットに広げ入れ、冷ます(こうすると、取り分けるときに扱いやすい)。冷めたら、冷蔵保存する。

ナッツやごまめのから炒りを電子レンジでする場合

耐熱皿にキッチンペーパーを敷き、ナッツやごまめを平らにしてのせ、ラップをしないで電子レンジで1分ほど加熱する。取り出して混ぜ、さらにナッツなら1分、ごまめなら1分30秒~2分、様子を見ながら加熱する。

Column

スガ家の主食「最強飯」

保存期間
冷蔵で 2日
冷凍で 1カ月

玄米をベースに、押し麦、大豆、黒ごまを加えて炊いたのが「最強飯」。これが私の主食です。かみごたえがあって腹持ちがいいので、大食いの私にぴったりです。ひとつひとつの粒がしっかり独立し、独特の香りがあり、何より栄養満点です。パラリとしているので、混ぜごはん、チャーハン、リゾット、ライスサラダなどにもよく合います。

炊飯器での作り方

材料	2合分	3合分
玄米	⅔合（120㎖）	1合（180㎖）
押し麦	⅔合（120㎖）	1合（180㎖）
大豆（乾燥）	⅔合（120㎖）	1合（180㎖）
水	白米2合のときの水加減	白米3合のときの水加減
黒いりごま	大さじ2	大さじ3

作り方

1 炊飯器に玄米、押し麦、大豆を入れ、水で洗って汚れを落とし、水けをきる。
2 白米と同じ目盛りまで水を注ぎ、ひと晩（6時間以上）浸水させる。
3 普通の炊飯モードで炊き、炊き上がったら黒ごまを加えてさっくりと混ぜる。

※朝に炊く場合は、夜寝る前に仕込んでおき、炊飯タイマーをセットしておくとよい。
※やわらかめの食感が好みの場合は、水の量を1割ほど足すとよい。炊飯器に「玄米モード」があれば、その水加減と設定で炊くとよいが、白米のような食感にはならない。

圧力鍋での作り方

材料	2合分	3合分
玄米	⅔合（120㎖）	1合（180㎖）
押し麦	⅔合（120㎖）	1合（180㎖）
大豆（乾燥）	⅔合（120㎖）	1合（180㎖）
水	400㎖（プチプチかための食感をお好みの方は360㎖）	600㎖（プチプチかための食感をお好みの方は540㎖）
塩	ひとつまみ	ひとつまみ
黒いりごま	大さじ2	大さじ3

作り方

1 玄米、押し麦、大豆は水でざっと洗い、水けをきって圧力鍋に入れ、分量の水を注ぐ。塩を加えてざっと混ぜ、そのままひと晩（6時間以上）浸水させる。
2 圧力鍋を高圧にセットし、ふたをして強火にかける。圧力がかかったら、弱火にし、10分加圧して火を止め、そのまま自然放置する。
3 仕上げに黒ごまを加え、さっくりと混ぜる。

冷凍するときは

粗熱をとり、1人分ずつラップで平らに包み、冷凍用保存袋に入れて冷凍する。

黒豆で作るのもおすすめ

大豆を黒豆にかえると、きれいな紫色に炊き上がる。正月に黒豆煮を作ったけれど、乾燥の黒豆が半端に残ってしまったときなどに、使いきりメニューとして、ぜひ！

POINT

ひと晩浸水させたあとは、この写真のように水を吸ってものすごく水分が少なくなっているが、問題はない。

\ ごはんのおともに！ /

ふりかけ二種

捨てがちな大根の葉、だしがら（P108参照）で作るふりかけをご紹介します。混ぜごはんやおにぎりにはもちろん、パスタや納豆に混ぜたり、冷ややっこにかけたりなど、いろいろ使えます。どちらも、粗熱がとれたら保存容器に入れ、冷蔵保存しておきましょう。

保存期間
冷蔵で
1週間

だしがらふりかけ

材料（250mℓの容器1個分）

だしがら（昆布、削りがつお、煮干しなど）
…100〜120g（だし汁1ℓ分）
酒、しょうゆ、みりん…各大さじ1
オイスターソース（あれば）…小さじ½
白いりごま…大さじ1

作り方

1 だしがらはフードプロセッサーで細かくする（細かさの度合いは、好みでOK）。
2 フライパンに1を広げて弱火にかけ、水けがほとんどなくなるまで2〜3分炒る。少しパラッとしてきたら、酒、しょうゆ、みりん、あればオイスターソースを加え、混ぜながら1〜2分炒る。
3 白ごまを加え、混ぜる。

POINT

粗めに細かくすると、歯ごたえが多少残った仕上がりに。写真のように粉々にすると、ごはんに混ぜ込みやすく、子どもも食べやすい。

全体にしっとりしたら、白ごまをプラス。ごまのほかに、ちりめんじゃこや青のり、桜えび、水で戻したひじきでも。

保存期間
冷蔵で
1週間

大根の葉のふりかけ

材料（作りやすい分量）

大根の葉…1本分
だしがら（昆布、削りがつお、煮干しなど）
…100〜120g（だし汁1ℓ分）
酒、砂糖、みりん、しょうゆ…各大さじ1
白いりごま…小さじ1〜2
※かぶの葉で作る場合は、かぶ4〜6個分の葉を使う。作り方は同様に。

作り方

1 だしがらはフードプロセッサーで細かくする（細かさの度合いは、好みでOK）。大根の葉は5mm〜1cm幅に細かく刻む。
2 フライパンに葉と酒を入れ、強めの中火にかけてふたをする。ふたに水滴がついてきたらふたを取り、中火で1分混ぜながら水けをとばす。
3 だしがら、砂糖、みりん、しょうゆを加え、味が全体に行き渡るように炒り、白ごまを加えて混ぜる。

POINT

調味料を加えたあとは焦げやすい。火を弱め、焦がさないように気をつけながら炒る。

私の梅仕事

私は単身赴任のワンルーム住まいなので、部屋もベランダもせまいのですが、昔ながらの作り方で梅干しを作っています。私にとっての「いい塩梅《あんばい》」は、梅の量に対して15％の塩加減です。「減塩にしたい」「塩吹くくらい塩辛いのが好き」という方は、13～20％を目安に塩の量を調整してください。梅干し作りの期間は、完熟梅が出回る6月半ばから、梅雨が明けて晴天が続く7月下旬～8月上旬ごろまでです。①梅の下ごしらえ&下漬け②本漬け③土用干しの3段階に分けて、手順をご紹介します。

手順1

梅の下ごしらえ&下漬け(塩漬け)

黄色～赤色に完熟したやわらかい梅が出回りはじめたら、梅干し作りのスタート。和歌山の「南高梅」は、アク抜き（半日ほど水につける）をしなくてよく、肉厚で種離れがいいので食べやすく、おすすめです。

材料

黄梅（完熟したもの）…2kg
粗塩…300g
ホワイトリカー（35度）…50mℓ

用意する道具

ホウロウ容器（7ℓ）、押しぶた（直径18cm）、重石（2～2.5kg）×2個、紙袋（またはビニール袋）、洗い桶（または大きめ〈約5ℓ〉の鍋）、大きめの盆ざる（直径30cm以上）1～2枚、竹串、清潔なタオル1～2枚、使い捨て手袋、消毒用アルコール（またはホワイトリカー）、キッチンペーパー

作り方

1

洗い桶（または大きめの鍋）にたっぷりの水を入れ、梅を静かに入れる。

2

実を傷つけないように、竹串でヘタ（なり口）を取る。

3

水の中で両手でやさしくこすり洗いし、梅の表面の産毛を取る。

4

ざるに上げ、水けをよくきる。

5

さらに清潔なタオルで水けをていねいにふく（水けはカビの原因になるので、しっかりふき取る）。

6

ホウロウ容器の内側を、アルコールで消毒する。

7

手に使い捨て手袋をつける。粗塩の1/3量を広げ、梅の1/2量を平らに置く。

8

粗塩、梅、粗塩の順に入れ、ホワイトリカーを全体に回しかける。

9

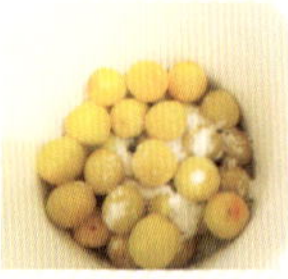

容器を上下に揺すり、梅全体に粗塩をまんべんなく行き渡らせて、梅を平らにならす。

10

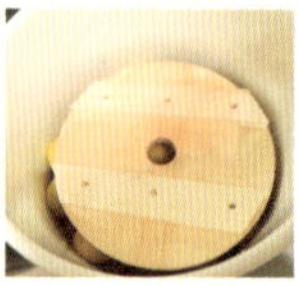

アルコールで消毒した押しぶたをのせる。

11

3日ほど保存できる場所へ静かに運び、アルコールで消毒した重石2個をのせる。

12

紙袋（またはビニール袋）をかぶせる。1日2回、朝晩、紙袋、重石、押しぶたをはずしてから、容器ごと静かに揺する。

13

3～5日たつと、漬け汁（白梅酢）が、梅のひたひたの量（漬け汁から梅が少し頭を出す程度）に上がる。これで、下漬けは完了。

手順2

本漬け（赤じそ漬け）

アク抜きをした赤じそを下漬けした梅に加え、本漬けをします。赤じそは、葉の表や裏面が赤いものを選びましょう。葉のギザギザが少なく、裏面が緑色のものは避けましょう。

材料

赤じそ…2束（葉だけを摘む。
　正味約200g）
粗塩…大さじ2

用意する道具

大きめのボウル（直径23cm以上）、ざる（直径23cm以上）、平皿（直径20cm程度）、重石（2〜2.5kg）、菜箸、使い捨て手袋、消毒用アルコール（またはホワイトリカー）、キッチンペーパー

作り方

1

赤じその葉を指でつまむようにして、1枚ずつ摘み取る。

2

ボウルにたっぷりの水を入れ、赤じその葉を加え、水を2〜3回かえながら、軽く押すようにしてふり洗いする。

3

ざるに上げ、水けをきる。ボウルに赤じそ、粗塩大さじ1を入れる。

4

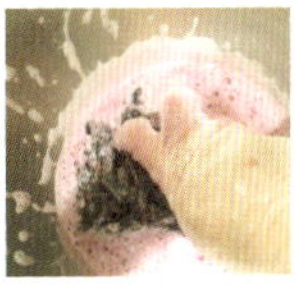

両手に使い捨て手袋をはめ、赤じそをもんだり、押さえつけながら、しっかりとアクを出す。

5

ぎゅっと絞り、泡だらけの濃い紫〜黒色の水分を捨てる。

6

ボウルを洗ってきれいにし、赤じそ、粗塩大さじ1を入れる。赤じそをほぐしながら、押すように全体をもみ、さらにアクを出す。

7

「これ以上無理！もう絞れない！」というくらい、全力で絞る。これで、アク出しは完了。

8

下漬けした梅の上に赤じそをのせ、梅の表面を覆うように、菜箸で全体に広げる。

9

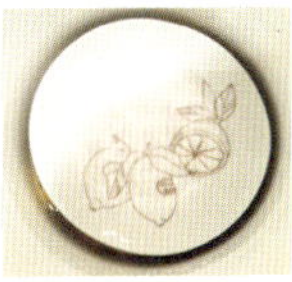

梅雨明けまで保存できる場所へ静かに運び、アルコールで消毒した平皿をのせる。

10

再びアルコールで消毒した重石をのせる。

11

中ぶたをする。

12

容器のふたをして、1カ月ほど、梅雨明けまで保存する。

13

長期間の保存なので、念のため、2〜3日に1度、中の様子を見る。万一、カビが生えていたら、スプーンなどですくい取って捨てる。

手順3

土用干し

梅雨がすっかり明け、かんかん照りの晴天が3日間以上続くような気候になったら、土用干しをしましょう。カビの原因になるので、雨にぬらさないように気をつけます。

用意する道具

盆ざる（直径30cm）3枚、ドライネット（ベランダが狭い場合）、菜箸、へら（またはしゃもじ）、保存容器（約2ℓ）、消毒用アルコール（またはホワイトリカー）、キッチンペーパー

作り方

1

盆ざるをアルコールで消毒し、中央をあけて、梅を1粒ずつ並べていく。

2

中央に赤じそを置き、へらで押して汁けをきる（赤じそは、少し梅酢に残っていてよい）。

3

低めの安定したところにドライネットをつるし、盆ざるを静かに並べる。

4

ベランダに3日間干す。途中で梅の上下を返し、盆ざるの上中下の位置を、1日ずつ入れ替える。梅がしわしわになって乾いたら、土用干しの完了。

5

土用干しの最終日には、梅酢を容器ごと天日干しにする。

6

保存容器をアルコールで消毒する。ふたの部分もしっかりと消毒する。

7

梅、赤じそを入れる。梅酢を注いでしっかりと密封し、冷暗所に保存する。半年ほどたつと、味がなじんでまろやかになり、おいしくなる。

いつも使っている調味料

調味料は、おいしい料理を作るときに大事なものです。ものすごいこだわりはないのですが、スーパーや通販で手ごろに買える「ちょっといいもの」を選んでいます。

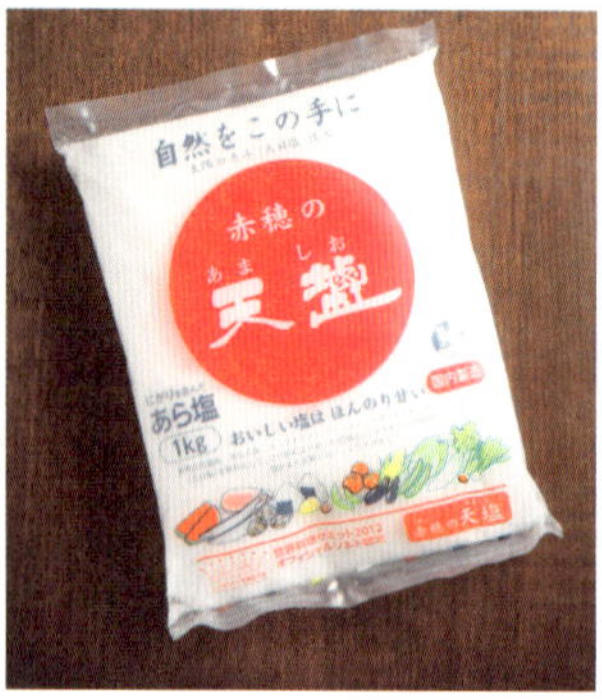

塩

「赤穂の天塩」は塩味だけでなく、あとから甘みやうまみも感じられるところが気に入っています。特に、甘みを加えない薄味仕立てのレシピでは、素材のうまみを引き出した奥深い味に仕上がります。

酢

料理全般には、内堀醸造の米酢を使っています。酸味が強すぎず、まろやかでやさしい味わいなのにコクがあります。内堀醸造の「純ワインビネガー」は、フルーティーで香りがよく、ドレッシングやマリネなどに活用中です。

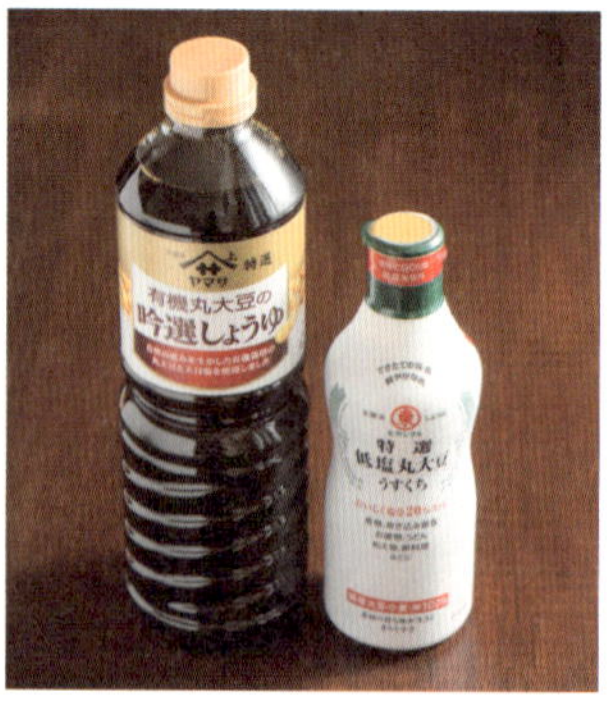

しょうゆ

しょうゆは、濃口と薄口の二種類を使い分けています。ヤマサの「有機丸大豆の吟選しょうゆ」は、まろやかでやさしい味わいです。素材そのものの味や色合いをいかしたい料理には、ヒガシマルの「特選低塩丸大豆うすくちしょうゆ」を使います。

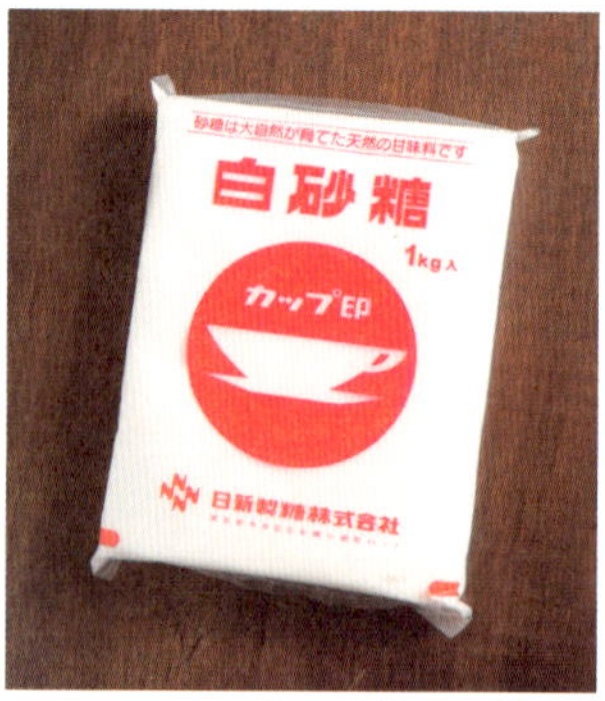

砂糖

砂糖は純度によって色、形状、風味に違いがあり、いろいろな種類がありますが、私が使うのは、しっとりとして溶けやすい上白糖です。理想通りのすっきりとした甘みに仕上がるところもいいですね。

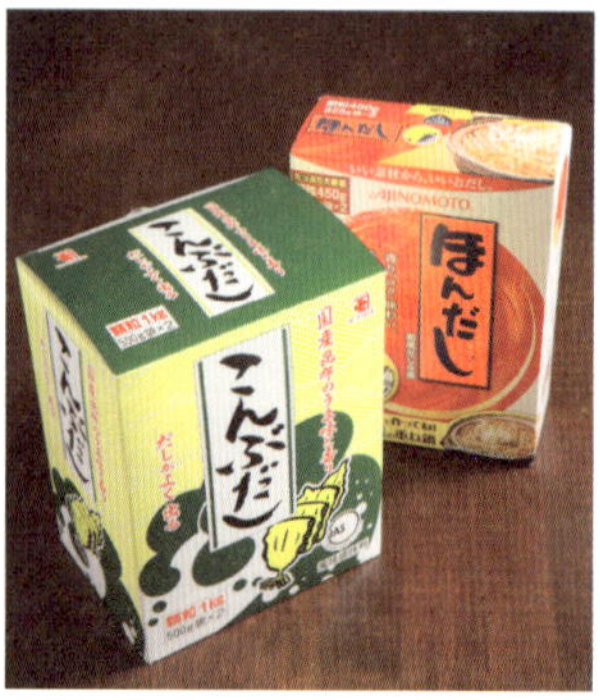

粉末だし

だし汁がないときや、少量しか使わない場合は、粉末だしが便利です。かつおと昆布があり、料理によって使い分けています。愛用のかね七のこんぶだしは、煮もののほか、浅漬けやあえもの、ドレッシングやパスタソースの風味づけにも重宝します。

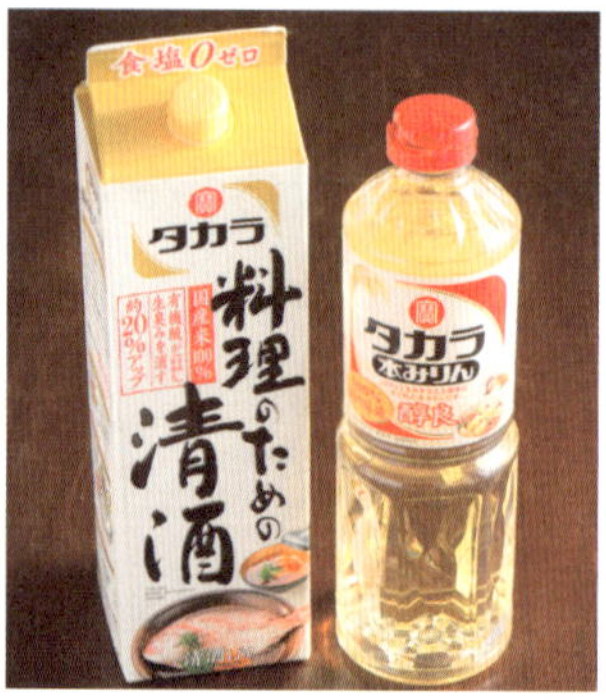

酒・みりん

酒は、素材の臭みを消したり、やわらかくしたり、甘みやコクをプラスする働きがあります。タカラの清酒は、塩分が含まれないので、味のバランスを崩しません。また、みりんは、昔からタカラの本みりんを愛用しています。まろやかな甘みや照りがつきます。

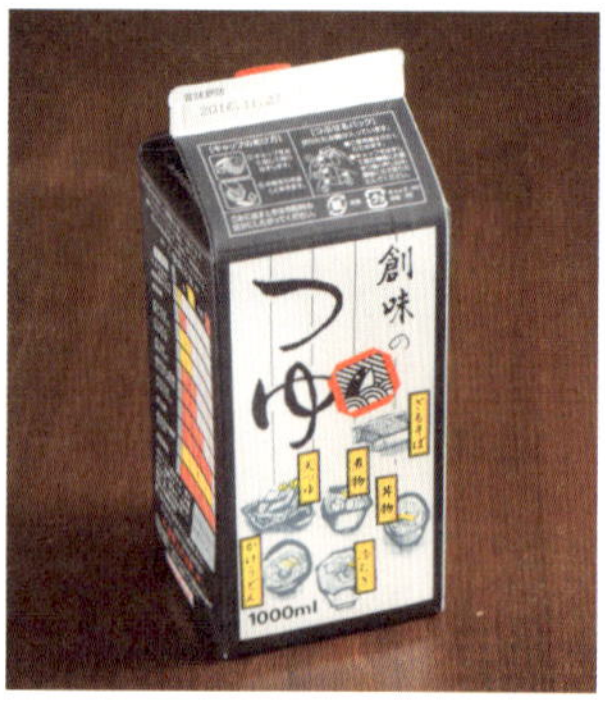

めんつゆ

「創味のつゆ」は、3倍濃縮タイプです。ざるそば、そうめんのつけつゆ、冷ややっこ、丼もの、卵がけごはん……と幅広く使えます。だし汁がなくても、手軽にだしの風味たっぷりのやさしい味に仕上がるところがお気に入りです。

調理に欠かせない道具

「これは」と思うものを実際に使ってみて、わが家に残ったのがこれらの調理道具です。テキパキと段取りよく料理するときの、私の強い味方です。

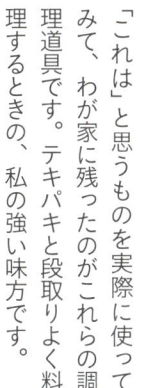

まな板

「アサヒクッキンカット」は見た目は木製ですが、実は合成ゴム製です。傷つきにくく、カビにも強いので、常に清潔に使えます。汚れ落ちと水はけのよさも魅力です。

包丁

グローバルの三徳包丁とペティーナイフを使っています。長すぎない刃渡りで扱いやすく、手になじみやすい形状です。さびにくいステンレス製なので、扱いやすいです。

圧力鍋

調理時間短縮に欠かせないのが、アサヒ軽金属工業の「ゼロ活力なべ」。5ℓと大容量なので、普通の鍋としても、パスタをゆでたりなど、大活躍しています。

鍋兼用フライパン

長く使い続けているアサヒ軽金属工業の「ワイドオーブン」。大小あり、焼きものから煮込み料理まで幅広く使えます。油なしでも焦げつかず、丈夫な点もお気に入りです。

スライサー

キャベツや玉ねぎのせん切り、きゅうりの薄切りなどには、貝印のもの（左）、棒状のものをせん切りにするときは京セラのもの（右）と、二種類を使い分けています。

キッチンばさみ

貝印の「カーブキッチンバサミ」は、肉や骨つきの魚、いかなどがスパッと切れます。刃先がカーブしているので、まな板や皿にのせたままで切れるのもうれしい特徴です。

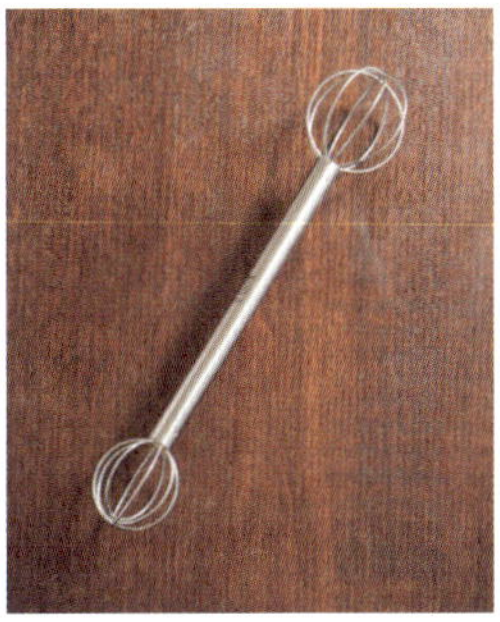

みそマドラー

みそにさし、くるっと回して抜きとると簡単に大さじ1、大さじ2を計量、そのまま煮汁に入れて溶くことができるレイエのマドラー。調味料を混ぜるときにも活躍します。

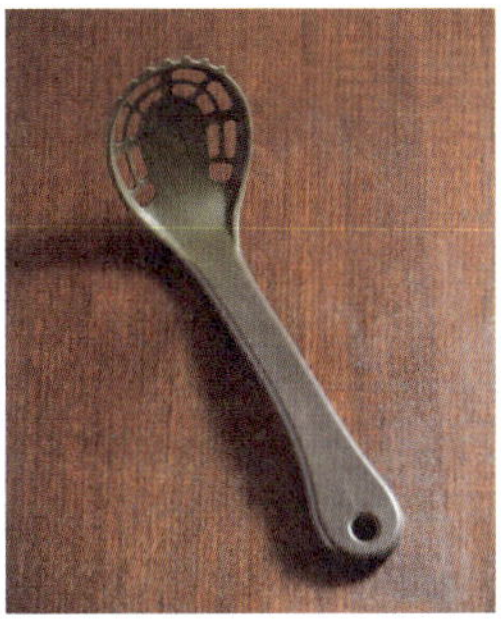

スプーンマッシャー

つぶす、混ぜる、あえるなどができるマーナのマッシャーです。ゆで卵のみじん切りは、これで押さえるだけで簡単にできます。穴あきお玉のかわりにもなります。

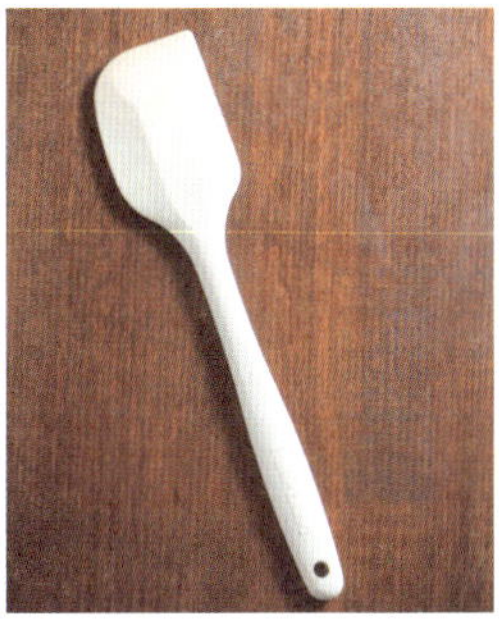

シリコンゴムべら

材料を混ぜたり、ボウルや鍋の底についたものをかきとるにも便利です。タイガークラウンのへらは耐熱温度が200℃なので、火を使う料理にも安心して使えます。

フードプロセッサー

0.5秒で玉ねぎのみじん切りが、1秒でひき肉が完成！と、下ごしらえの手間が省けます。愛用品は山本電気の「マスターカット」。音が静かで、洗いやすいのもいいですね。

作り置きおかず 食材別INDEX

●豆・豆加工品

スガ

おいしいものと、酒と料理と音楽好きの働く主婦。関西出身で現在は東京へ単身赴任をしている。子育てと激務との両立で息つく間もない毎日を送っていたときにはじめた“週末作って平日食べる作り置き生活”。作り置きおかずが家族の健康、そして自分がほっとひと息つくための強い味方に。子育てもひと段落し、激務が改善された今でも週末作り置き生活は続行中。ブログではレシピを紹介するだけではなく、作りながら自然と基本も身につくように、写真つきで調理のコツをていねいに解説。料理初心者はもちろん、ベテラン主婦からも人気となり、現在ブログの月間アクセス数は120万超え。『ラクする作り置き』（小社刊）は累計5万部を突破するベストセラーとなる。
ブログ『週末の作り置きレシピ』
http：//mayukitchen.com/

スタッフ
撮影　スガ、内山めぐみ
デザイン　細山田光宣、狩野聡子
（細山田デザイン事務所）
編集協力　田子直美
校正　横山美和
編集　中島元子（セブン&アイ出版）
撮影協力　UTUWA

身につく作り置き
2017年2月13日　第1刷発行
著者　スガ

発行者　沢田 浩
発行所　株式会社セブン&アイ出版
〒102-0083
東京都千代田区麹町5-7-2　5F
http://www.7andi-pub.co.jp/
電話03-6238-2884（編集）
03-6238-2886（販売）
DTP　オノ・エーワン
印刷・製本　共立印刷株式会社

Printed in Japan
ISBN 978-4-86008-717-3